Schriftenreihe „Operational Excellence"

Herausgegeben von Prof. Dr. Constantin May, Hochschule Ansbach

Bisher in dieser Reihe erschienen:

Nr. 1: May, C.; Schimek, P.: Total Productive Management. Grundlagen und Einführung von TPM - oder wie Sie Operational Excellence erreichen, 3., korrigierte Auflage, Herrieden 2015. ISBN: 9-783940-775-05-4

Nr. 2: De Groot, M.; Teeuwen, B.; Tielemans, M.: KVP im Team. Zielgerichtete betriebliche Verbesserungen mit Small Group Activity (SGA), Ansbach 2008. ISBN: 9-783940-775-01-6

Nr. 3: Blom: Schnellrüsten: Auf dem Weg zur verlustfreien Produktion mit Single Minute Exchange of Die (SMED), Ansbach 2007. ISBN: 9-783940-775-02-3

Nr. 4: Glahn, R.: World Class Processes - Rendite steigern durch innovatives Verbesserungsmanagement – oder wie Sie gemeinsam mit Ihren Mitarbeitern betriebliche Prozesse auf Weltklasseniveau erreichen, 2., durchgesehene Auflage, Ansbach 2010. ISBN: 9-783940-775-03-0

Nr. 5: Koch, A.: OEE für das Produktionsteam. Das vollständige OEE-Benutzerhandbuch – oder wie Sie die verborgene Maschine entdecken, 3., korrigierte Auflage, Herrieden 2016. ISBN: 9-783940-775-04-7

Nr. 6: Glahn, R.: Effiziente Büros – Effiziente Produktion. In drei Schritten zu exzellenten Abläufen im gesamten Unternehmen. Antworten auf die wichtigsten Fragen zum nachhaltigen Erfolg, 3., unveränderte Auflage, Herrieden 2018. ISBN: 9-783940-775-06-1

Nr. 7: Glahn, R.: Moderation und Begleitung kontinuierlicher Verbesserung. Ein Handbuch für KVP-Moderatoren, 3., unveränderte Auflage, Herrieden 2018. ISBN: 9-783940-775-07-8

Nr. 8: Teeuwen, B.; Schaller, C.: 5S. Die Erfolgsmethode zur Arbeitsplatzorganisation, 4., unveränderte Auflage, Herrieden 2018. ISBN: 9-783940-775-08-5

Nr. 9: Teeuwen, B.: Lean Management im öffentlichen Sektor. Bürgernähe steigern – Bürokratie abbauen – Verschwendung beseitigen, Ansbach 2012. ISBN: 9-783940-775-09-2

Nr. 10: Klevers, T.: Agile Prozesse mit Wertstrom-Management. Ein Handbuch für Praktiker. Bestände abbauen – Durchlaufzeiten senken – Flexibler reagieren, 2., überarbeitete Auflage, Herrieden 2015. ISBN: 9-783940-775-10-8

Nr. 11: Teeuwen, B.; Grombach, A.: SMED. Die Erfolgsmethode für schnelles Rüsten und Umstellen, 3., unveränderte Auflage, Herrieden 2019. ISBN: 9-783940-775-11-5

Nr. 12: Kamberg, M.: Verbesserung erfolgreich führen. Mit der Toyota-Kata und Lean Management Prozesse verbessern und Mitarbeiter entwickeln. Band 1: Die Verbesserungskata, Herrieden 2016. ISBN: 9-783940-775-19-1

Nr. 13: OJT Solutions Inc.: Toyotas Geheimrezepte für die Mitarbeiterentwicklung. Herrieden 2017. ISBN: 9-783940-775-22-1

Nr. 14: OTJ Solutions Inc.: Toyotas Geheimrezepte für die Problemlösung. Herrieden 2019. ISBN: 9-783940-775-23-8

SMED
Die Erfolgsmethode für schnelles Rüsten und Umstellen

von
Bert Teeuwen und Alexander Grombach

3., unveränderte Auflage

Mit einem Geleitwort von Prof. Dr. Constantin May

Deutscher Management Verlag, Herrieden

ISBN: 9-783940-775-16-0
Copyright © 2019.
Deutscher Management Verlag
ein Label der CETPM GmbH, Schernberg 34, 91567 Herrieden
Tel: +49 (0) 9825 20 38 – 100, http://www.deutscher-management-verlag.de

Druckaufbereitung: Rainer Imschloß
Foto Umschlag: © F1online
Druck und Bindung: Beltz Grafische Betriebe Langensalza

Alle Rechte vorbehalten.
Dieses Werk einschließlich aller seiner Teile ist urheberrechtlich geschützt. Jede Verwertung außerhalb der Grenzen des Urheberrechtsgesetzes ist ohne Zustimmung des Verlages unzulässig und strafbar. Das gilt insbesondere für Vervielfältigungen, Übersetzungen, Mikroverfilmungen und die Einspeicherung und Verarbeitung in elektronischen Systemen. Die Wiedergabe von Gebrauchsnamen, Handelsnamen, Warenbezeichnungen usw. in diesem Werk berechtigt auch ohne besondere Kennzeichnung nicht zu der Annahme, dass solche Namen im Sinne der Warenzeichen- und Markenschutzgesetzgebung als frei zu betrachten wären und daher von jedermann benutzt werden dürften.

Inhaltsverzeichnis

Geleitwort 7

1 Wertschöpfung und die sieben Verluste 9
1.1 Die sieben Verlustarten in Prozessen 10
1.2 Die Anwendung von SMED zur Bekämpfung von Wartezeiten 12

2 Wartezeiten eliminieren mit SMED 15
2.1 Die ideale Welt des Produktionsmanagers 15
2.2 Der Zusammenhang zwischen Lagerbestand und Umstellzeiten 16

3 Das SMED-System 21
3.1 Definition von Umstellzeit 21
3.2 Interne und externe Handlungen 22
3.3 Die drei Phasen von SMED 23

4 Die Verwandtschaft von SMED mit TPM und Lean 25
4.1 SMED und TPM 25
4.2 SMED und Lean 28

5 Kaizenteams und SMED 31
5.1 Kaizenteams: Multidisziplinäre Verbesserungsteams 31
5.2 Die Zusammensetzung und Aufgabenverteilung im Kaizenteam 32
5.3 Auftraggeber und Auftragnehmer 36
5.4 Der Verbesserungszirkel 39
5.5 Die Durchlaufzeit eines SMED-Kaizens 41

6 SMED im Verbesserungszirkel: Die Analyse-Phase 43
6.1 Schritt 1 – Thema wählen 43
6.2 Schritt 2 – Ein Ziel setzen 45
6.3 Schritt 3 – Das Problem untersuchen: Erarbeitung eines gemeinsamen Bildes und Ursachenanalyse 50
6.4 Die drei SMED-Phasen im Verbesserungszirkel anwenden 56
6.5 Schritt 4 – Lösungen erarbeiten 66
6.6 Schritt 5 – Maßnahmenplan erstellen 80

7 SMED im Verbesserungszirkel: Lösungen umsetzen und standardisieren 83
7.1 Schritt 6 – Maßnahmenplan umsetzen 83
7.2 Schritt 7 – Effekte messen 85

7.3	Schritt 8 – Standardisierung und Gewährleistung des Ergebnisses	88
7.4	Die Gewährleistungspyramide	91
7.5	Zusammenfassung und Abschluss des Kaizen-Projekts	98
8	**SMED in der Praxis – Fallbeispiele**	101

Anlagen 109

Anlage A: Beispiel für Auftragsbrief 109

Anlage B: Beispiel eines Verbesserungsvorschlags 110

Anlage C: Rüstzeitanalyse und Optimierung 111

Anlage D: Schrittfolge der SMED-Methode 112

Literatur 113

Stichwortverzeichnis 115

Geleitwort

Große Serien produzieren oder häufig Maschinen und Anlagen für die Fertigung kleiner Lose umstellen? Diese Frage betrachten viele Unternehmen als Dilemma. Einerseits möchten sie wirtschaftlich produzieren und sehen im Umrüsten einen Aufwand, der mit Kosten und Zeitverlust verbunden ist. Andererseits möchten sie beweglich bleiben und punktgenau auf Kundenwünsche reagieren. Bei näherer Betrachtung liegt es auf der Hand, dass Vorratsproduktion und hohe Bestände nicht wirtschaftlich sind und ein Unternehmen eher unflexibel machen. Die Gründe dafür erläutern die Autoren dieses Buches ausführlich. Mit SMED stellen sie eine bewährte Methode vor, mit der es gelingt, Umstellzeiten drastisch zu reduzieren. Dabei stehen weder die Kosteneinsparung noch die mögliche höhere Maschinenauslastung im Vordergrund. Vielmehr wird die Optimierung genutzt, um häufiger zu rüsten, kleinere Losgrößen zu fertigen und dadurch letztlich die Bestände zu senken.

Dieses Grundlagenwerk zeigt die Möglichkeiten und Werkzeuge von SMED auf. Die Autoren sprechen bewusst nicht von „Umrüsten" sondern von „Umstellen". Denn auch in Bereichen außerhalb der Produktion gibt es Umstellzeiten, z.B. die Vorbereitung eines Flugzeugs für den nächsten Start oder die Reinigung eines Operationssaals vor der nächsten Operation. Auch in diesen Bereichen hilft SMED, Umstellzeiten zu verkürzen, damit Organisationen wirtschaftlicher und agiler werden.

Das Basiswissen über die Methode SMED ist ein wertvolles Rüstzeug für Führungskräfte und Teams, um Prozesse flexibler zu gestalten und ihr Unternehmen im Hinblick auf volatile Märkte auf eine gute Basis zu stellen. Anhand von Praxisbeispielen in diesem Handbuch erhalten sowohl erfahrene Praktiker als auch Neueinsteiger rasch Zugang zum Thema „Umstellzeiten minimieren".

Ich wünsche Ihnen wertvolle Erkenntnisse und Inspirationen bei der Lektüre dieses Werkes und viel Erfolg beim Anwenden von SMED.

Prof. Dr. Constantin May
Academic Director CETPM, Hochschule Ansbach

1 Wertschöpfung und die sieben Verluste

Dieses Buch beschreibt die Anwendung der SMED-Methode. SMED wurde ursprünglich im Produktionsbereich entwickelt, lässt sich aber auch sehr gut in anderen Bereichen einsetzen.

Die vier Buchstaben stehen für: **S**ingle **M**inute **E**xchange of **D**ie. Was soviel bedeutet wie „Umstellen" (Werkzeugwechsel) im einstelligen Minutenbereich.

Wartezeiten verkürzen mit SMED

SMED ist ein kraftvolles Instrument, um in Prozessen und beim Einsatz von Maschinen auftretende Wartezeiten zu verkürzen, die bedingt sind durch Umstellen, Reinigen oder Produktwechsel. Bevor wir die SMED-Methode selbst erklären, kommen wir zunächst auf die genannten Prozesse zurück. Prozesse lassen sich nach den Kategorien Wertschöpfung und Verschwendung bewerten.

Betriebe und Organisationen finden ihre Daseinsberechtigung in der Tatsache, dass dort etwas Wertvolles passiert. Sie stellen etwas her oder tun etwas, was für Kunden einen Wert hat und wofür Kunden zu bezahlen bereit sind. Dieser Wert wird in Prozessen geschaffen. Ein Prozess ist eine Aneinanderreihung von Aktivitäten in einer planmäßigen und (hoffentlich) logischen Reihenfolge, die ein bestimmtes Ergebnis zum Ziel haben. Dieses Ergebnis ist ein Produkt oder eine Dienstleistung. Egal ob nun Butter hergestellt oder eine Dienstleistung erbracht wird, Mitarbeiter müssen sich auf die Maschinen und Prozesse verlassen können, damit sie für den „Kunden" ihre Aufgaben erledigen und Werte schaffen können.

Aktivitäten innerhalb von Prozessen lassen sich in zwei Kategorien eingeteilen: WERTSCHÖPFEND oder NICHT WERTSCHÖPFEND.

Perspektive des Kunden einnehmen

Ob eine Aktivität wertschöpfend ist, muss aus der Perspektive des Kunden beurteilt werden. Sieht ein Kunde den Wert einer Handlung? Werden zum Beispiel Produkte von einem Ort zum anderen transportiert oder repariert, dann kann das innerhalb der Organisation als sinnvoll bertrachtet werden. Aber für den

Kunden existiert dieser Wert nicht. Aktivitäten, die in den Augen des Kunden keinen Mehrwert haben, nennen wir „Verluste".

1.1 Die sieben Verlustarten in Prozessen

Es gibt sieben Verlustarten, die für jeden Prozess und jedes Unternehmen gelten. Diese Verlustarten werden auch die „sieben tödlichen Verluste" genannt.

Die 7 „Mudas" / Verluste:

Fehler und Mängel

Ideale Prozesse schaffen Produkte oder Dienstleistungen, die auf Anhieb korrekt sind. Durch Prozessfehler oder menschliches Versagen können Produkte oder Dienstleistungen geschaffen werden, die nicht dem Kundenwunsch entsprechen.

Nacharbeit

Nacharbeit ist das nochmalige Herstellen oder Bearbeiten von Produkten oder Dienstleistungen, die nicht auf Anhieb die gewünschten Eigenschaften haben. Es werden erneut Rohstoffe, Arbeit, Zeit, Energie und Verpackungsmaterialien benötigt.

Kontrolle

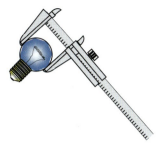

Es gibt einen Zusammenhang zwischen dem Ausmaß der Kontrolle und der Zuverlässigkeit von Prozessen. Ein unzuverlässiger Prozess muss intensiv durch Kontrollen abgesichert werden. In weiterer Folge heißt das, dass ein vollkommen zuverlässiger Prozess ohne Verluste keine Kontrolle benötigt.

Warten

Prozesse schaffen nur dann einen Mehrwert, wenn Produkte oder Dienstleistungen daraus entstehen, die dem Kundenwunsch entsprechen. Wartezeiten können planmäßig sein, etwa beim Reinigen oder Umstellen. Sie können aber auch unplanmäßig sein (technische Störungen oder Warten auf Materialien, Lieferanten, Transporte).

Lagerbestand

Lagerbestand ist eine Form des Wartens und somit ein Verlust. Der Prozess wartet zwar nicht, aber die Produkte. Material, in das viel Zeit und Geld gesteckt wurde, wartet auf die Verladung oder überhaupt auf einen Kunden, der es kaufen will. Der physische Raum, den Lagerbestände einnehmen, und das Risiko einer Unverkäuflichkeit von Lagerbestände einnehmen, und das Risiko einer Unverkäuflichkeit von Lagerbeständen, können hohe Kosten verursachen.

Transport

Je höher der Lagerbestand, desto mehr müssen Produkte umhergefahren werden. Paletten mit Produkten, die gerade vom Laufband kommen, aber auch die Laufwege des Personals, um Material oder Dokumente zu holen oder zurückzubringen, sind eine Form von Transporten, die aus der Perspektive des Kunden keinen Mehrwert schaffen.

Überproduktion

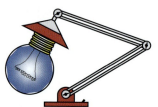

Wird zur korrekten Herstellung eines Produkts oder Erbringung einer Dienstleistung aufgrund von Prozessschwankungen mehr Material und (Arbeits-) Zeit aufgewendet, als streng genommen notwendig wäre, nennt man das „Überproduktion".

> *Planmäßige Wartezeiten wie das Umstellen und Reinigen sind Formen von Verlusten!*

Der ideale Prozess kennt keine Verluste. „Keine Verluste" bedeutet, dass das Produkt oder die Dienstleistung dem Kundenwunsch entspricht, zum richtigen Zeitpunkt geliefert wird und den Preis hat, den der Kunde dafür bezahlen will. Der ideale Prozess wird nicht umsonst als ideal bezeichnet; er wurde noch nie erreicht. Durch ständige Verbesserungen kann man sich dem idealen Prozess ohne Verluste aber immer weiter annähern.

1.2 Die Anwendung von SMED zur Bekämpfung von Wartezeiten

Warten ist eine der sieben Verlustarten. Ein Prozess (oder eine Maschine) kann stillstehen, weil planmäßig oder unplanmäßig gewartet wird. Wartezeiten sind unplanmäßig, wenn zum

Wartezeiten: Unplanmäßig oder geplant

Beispiel eine Maschine ausfällt, das Material noch nicht da ist oder auf eine Qualitätskontrolle gewartet werden muss. Planmäßige Wartezeiten sind Umstellzeiten, wie Reinigung oder der Produktwechsel. Oft werden diese Verluste als unvermeidlich betrachtet. Sie gehören nach Meinung Vieler einfach zum Prozess dazu. In traditionellen Definitionen und Berechnungen gehen die planmäßigen Stillstände noch nicht einmal auf Kosten des Wirkungsgrades der Maschinen. So können Wirkungsgrade zwischen 90 und 100% liegen (oder noch höher), obwohl die Maschine regelmäßig zur Umstellung oder zur planmäßigen Reinigung stillsteht. Der Effekt dieser Vorgehensweise ist, dass die Verluste verborgen werden und der Wirkungsgrad höher erscheint. Selbst wenn diese Wartezeiten eingeplant sind – sie bleiben immer Verluste.

Verborgene Verluste

Wie eingangs erwähnt, ist SMED eine Methode zur Verkürzung von Wartezeiten beim Umrüsten/Umstellen. SMED steht für Single Minute Exchange of Die (frei übersetzt: Umstellen im einstelligen Minutenbereich). Diese Abkürzung suggeriert, dass SMED eine Methode speziell für Produktionsbetriebe sei. Ursprünglich war das auch so, denn SMED wurde in Produktionsbetrieben entwickelt. Doch auch andere Betriebe haben in ihren Prozessen Wartezeiten, zum Beispiel Fluglinien. Fluglinien verdienen ihr Geld mit Flugzeugen, die Passagiere befördern, und nicht mit der Wartezeit am Flugsteig. Die Zeit zwischen der Landung und dem neuerlichen Start der Maschine kann als Wartezeit betrachtet werden. Es wird kein Wert geschaffen, wenn die Passagiere das Flugzeug verlassen, wenn die Kabine gereinigt oder die Maschine aufgetankt wird. Bei einem Flugzeug ist die Umstellzeit die Zeit zwischen der Landung und dem erneuten Abheben. Eine „Umstellzeit" von weniger als 30 Minuten ist möglich.

Wartezeit durch Umstellung nicht nur in der Produktion

Eines der bekanntesten Beispiele für die Anwendung der SMED-Prinzipien finden wir in der Sportwelt, genauer gesagt bei einem Formel-1-Rennen. Der Boxenstopp, die Zeit, die ein Team benötigt, um die Reifen zu wechseln und den Wagen aufzutanken, ist eine Form der Wartezeit. Nicht selten ist dieser Zeitraum so entscheidend, dass damit Rennen gewonnen oder verloren werden. Die Boxenstopps wurden in dieser Sportart mithilfe von SMED drastisch verkürzt. In sieben Sekunden kann ein Team die Reifen wechseln und den Wagen auftanken.

Reifenwechsel und Tanken in sieben Sekunden

Wartezeiten verringern die Kapazität

Auch im Gesundheitswesen finden wir Beispiele für Wartezeiten. Die Wartelisten für Operationen sind der beste Beweis dafür, dass die Verfügbarkeit des Operationssaals (OP) ein knappes Gut ist. Im Idealfall würde man im OP ausschließlich operieren. In der Praxis müssen zwischen den Operationen aber verschiedenste Aufräum- und Reinigungstätigkeiten erfolgen. Diese Wartezeiten können freilich notwendig sein, aber sie verringern auch die kostbare Operationskapazität.

Ein anderes Beispiel ist der Kapazitätsverlust teurer Röntgengeräte. Nur die Zeit des Röntgenvorgangs selbst ist wertvoll; der Rest ist Wartezeit (zum Beispiel wenn sich der Patient umkleidet). Patienten werden auf die Intensivstation gebracht, um stabilisiert zu werden. Es ist besonders wichtig, dass die ärztliche Betreuung zur Stabilisierung des Patienten sofort anfangen kann. Die Zeit, die zur Vorbereitung des Bettes benötigt wird, ist eine Form von Wartezeit. Hier ist es sinnvoll, diese Zeit zu nutzen, um benötigte Geräte bereitzustellen, Formulare auszufüllen etc.

Auch Zirkusartisten bauen um. Der Auf- und Abbau des Löwenkäfigs kann schnell zehn bis fünfzehn Minuten dauern. Während der Aufbau in der Pause erfolgen kann, muss das Publikum beim Abbau zehn Minuten auf die nächste Nummer warten. Dieser Zeitraum ist ausgesprochen wichtig und sollte nicht unterschätzt werden, denn beim Publikum darf keine Langeweile oder Verstimmung entstehen.

Um jedoch bei der ursprünglichen Bedeutung zu bleiben, beschreiben wir das SMED-Prinzip und seinen Platz innerhalb des PDCA-Zyklus (PDCA steht für „Plan-Do-Check-Act") von Deming anhand der klassischen Wartezeit: Der Umstellung einer Maschine in einem Produktionsbetrieb.

2 Wartezeiten eliminieren mit SMED

2.1 Die ideale Welt des Produktionsmanagers

Häufiges Umstellen vermeiden - der richtige Weg?

Viele Produktionsbetriebe betrachten Umstell- und Reinigungszeiten als naturgegebene Fakten, mit denen sie leben müssen. In den Köpfen haben sich folgende Glaubenssätze verankert: Dass umgestellt werden muss, ist nun einmal so. Und an der Zeit, die das kostet, ist nicht viel zu ändern. Das einzige, was man tun kann: Die Anzahl der Umstellungen drastisch reduzieren, basierend auf dem Argument, dass große Serien einen höheren Produktionsertrag bringen. Mit diesen Gedanken im Kopf gehen die Planer ans Werk. Sie überlegen, was sie tun können, um bestimmte Produkte nicht mehr so oft produzieren zu lassen. Mit einer Verdoppelung der Seriengröße können sie die Anzahl der Umstellungen halbieren. Produktionstechnisch betrachtet ist das häufige Umstellen einfach zu teuer, denn damit wird viel kostbare Kapazität mit Stillstand verschwendet.

Umstellen ist mühsam

Die ideale Welt eines traditionellen Produktionsmanagers besteht aus langen Produktionsserien. Mit all den kurzen Durchgängen bekommt die Fertigungsstraße nie die Zeit, die sie für eine Stabilisierung benötigt. Umstellen bedeutet oft lange Stillstandszeiten und ein mühsames neuerliches Anlaufen der Produktion. Manchmal ist das Sortiment, das auf einer Fertigungsstraße produziert wird, so breit, dass täglich, oder sogar in jeder Schicht, umgestellt werden muss, um mehrere Produktarten herzustellen. In traditionellen Betrieben hört man häufig die Klage, dass nach einer Umstellung die Fertigung erst wieder neu anlaufen muss und dann schon wieder umgestellt werden muss, sobald sie gerade halbwegs in Fahrt gekommen ist. Auch die Produktionsplanung wird aufwändig, wenn mit vielen kleinen Produktionschargen gearbeitet wird.

Im oben genannten Beispiel wird der Kunde diese Methode nicht besonders schätzen. Wenn er ein bestimmtes Produkt bestellt, muss er länger warten, bis es hergestellt wird. Die Lieferzeiten verlängern sich. Das Unternehmen reagiert darauf vor allem damit, dass es alle Produkte reichlich auf Vorrat herstellt. Damit sind die Produkte sofort verfügbar, wenn der Kunde sie bestellt. Eine Halbierung der Anzahl Umstellungen verdoppelt die Seri-

Größerer Platzbedarf für Lager

engröße. Eine Verdoppelung der Seriengröße zieht eine Verdoppelung des Lagerbestands nach sich. Für diesen Lagerbestand muss entsprechend Platz vorhanden sein. Wenn das vorhandene Lager nur für die Vorräte der derzeitigen Produktionsplanung ausreichend ist, benötigt man für den doppelten Lagerbestand zusätzlichen Lagerraum. Ein externer Raum wird für die Lagerung dieser Produkte angemietet oder es wird sogar ein neues Gebäude errichtet.

Wenn ein Betrieb diese Arbeitsmethodik eingeführt hat und mit langen Produktionschargen die Vorräte der Artikel auf hohem Niveau hält, fällt dem Produktionsmanager auf, dass mehr Eilaufträge als früher die Planung durcheinanderbringen. Diese Eilaufträge sind kleine Chargen, die der stabilen Planung im Weg stehen. Der Produktionsmanager wundert sich, dass trotz der vollen Lager Kunden Produkte bestellen, die gerade nicht vorrätig sind.

Das Ergebnis der Strategie dieses Unternehmens sind längere Lieferzeiten, mehr Eilaufträge und höhere Lagerkosten.

> *Je größer der Lagerbestand, desto länger die Produktionsserien, desto höher die Wahrscheinlichkeit von Eilaufträgen.*

2.2 Der Zusammenhang zwischen Lagerbestand und Umstellzeiten

Große Lagerbestände bergen Risiken

Große Produktionsserien ziehen einen hohen Lagerbestand nach sich. Je größer der Lagerbestand, desto länger verweilen die Produkte bei gleich bleibendem Absatz im Lager. Durch die lange Verweildauer steigt das Risiko einer Unverkäuflichkeit durch Transportschäden, Verfall oder Überschreitung des Mindesthaltbarkeitsdatums. Große Vorräte benötigen mehr Platz, weshalb in zusätzlichen Lagerraum investiert werden muss beziehungsweise die Kosten für die Anmietung des Lagerraums steigen. Mehr Lagerraum bedeutet auch mehr Transport; die Distanzen, die innerhalb eines Lagers oder zwischen den verschiedenen Lagern zurückgelegt werden, sind größer.

Die Häufigkeit, mit der bestimmte Produkte in der Produktionsplanung wiederkehren, ist durch die langen Serien gering. Dadurch können längere Lieferzeiten oder sogar Lieferverzögerungen entstehen.

Kapitalbindung durch hohe Lagerbestände

Wird ein Produkt des Lagerbestands verkauft, kann festgestellt werden, dass es einen Wert hatte. Erst zu diesem Zeitpunkt fließt Geld vom Kunden an den Produzenten. Im Lagerbestand steckt viel Geld, das oftmals sogar von der Bank geliehen ist.

Das Ergebnis sind also hohe Kosten und unzufriedene Kunden wegen langer Lieferzeiten.

Wirtschaftliche Seriengröße

Wirtschaftliche Seriengröße

Produktionsbetriebe, welche die Notwendigkeit einer Vorratsverkleinerung erkennen, schießen mit ihrer minimalistischen Vorratspolitik oft über das Ziel hinaus – mit den entsprechenden Folgen. Was ist besser: Ein Lagerüberschuss oder ein Kunde, der seine Ware nicht bekommt? Der Schlüssel für eine wirtschaftliche Seriengröße liegt in der Balance zwischen den Umstellkosten und den Lagerkosten. Bei der optimalen Seriengröße ist die Summe der Lagerkosten und der Umstellkosten am geringsten.

Die wirtschaftliche Seriengröße wird oft berechnet, indem man nach der optimalen Seriengröße sucht, unter der Annahme, dass die Zeit pro Umstellung eine unveränderliche Konstante sei. Von Verbesserung kann in diesem Fall nicht die Rede sein.

Den Lagerbestand verkleinern

Die Ursachen für Vorräte liegen in mangelnder Kenntnis über das Bestellverhalten der Kunden, schlechter Informationslage, schwacher Lagerverwaltung, langen planmäßigen Wartezeiten (wie Reinigung und Umstellen) und einem unverlässlichen Produktionsprozess. Sobald bestimmte Ursachen beseitigt werden, kann der Lagerbestand verkleinert werden. Bildhaft lassen sich Lagerbestände mit dem Wasserstand eines Flusses vergleichen: Die Hindernisse in einem Flussbett sind unsichtbar, aber sie bewirken, dass der Wasserstand hoch sein muss, damit das Schiff passieren kann. Vor einem Senken des Wasserstands – des Lagerbestands – müssen die Hindernisse beseitigt werden.

> **Investieren Sie Ihre Energie besser in die Verkürzung der Umstellzeiten als in die Berechnung der optimalen Seriengröße.**

Beispiele für solche Hindernisse sind lange Umstellzeiten und lange Reinigungszeiten. Wenn diese planmäßigen Wartezeiten stark verkürzt werden, hat die Berechnung der wirtschaftlichen Seriengröße keinen Nutzen mehr.

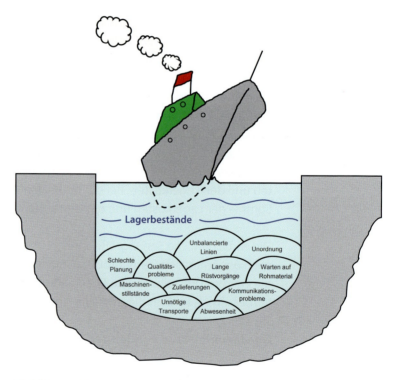

Abbildung 1: Der Lagerbestand kann nicht einfach so verkleinert werden. Es müssen die Voraussetzungen dafür geschaffen werden.

Agiler durch kurze Umstellzeiten

Ein wichtiger Grund dafür, Umstellzeiten und Reinigungszeiten zu verkürzen, liegt in der Notwendigkeit, flexibel auf Nachfrage reagieren zu können. Agilität wird für Produzenten neben Qualität immer wichtiger. Die Lebensdauer von Produkten ist begrenzt. Neue Produktvarianten kommen sehr schnell auf den Markt. Schnelle technologische Entwicklungen führen zu einer kürzeren kommerziellen Lebensdauer der Produkte und zu einer größeren Diversität von Produkten bei kleineren Stückzahlen. Wer nicht flexibel genug ist, unterliegt im Kampf um den Kunden.

Mehr Routine durch häufiges Umstellen

Ein anderer wichtiger Grund ist, dass das Umstellen Wissen und Erfahrung erfordert. Wenn viele lange Serien produziert werden und die Maschinenarbeiter selten umstellen, werden sie das Umstellen auch nicht perfektionieren. Eine Verkürzung der Umstellzeiten kann in der Entscheidung resultieren, mit kleineren Produktionsserien zu planen. Dadurch wird häufiger umgestellt. Die Werker werden durch eine höhere Umstellfrequenz mit dem Prozess des Umstellens vertraut und sie gewinnen Routine. So können die Umstellzeiten weiter verkürzt werden. Dasselbe gilt für die Reinigungszeiten.

Umstellzeit muss als Zeitverlust und als lästiges Hindernis eines flexiblen, kundenorientierten Unternehmens gesehen werden. Um es mit den Worten des Erfinders von SMED, des Japaners Shigeo Shingo, auszudrücken: Die beste Umstellzeit ist keine Umstellzeit!

Shigeo Shingo: Die beste Umstellzeit ist keine Umstellzeit!

Weniger Kosten durch kürzere Umstellzeiten

Wenn die Dauer des Umstellens oder einer anderen Wartezeit bei der Maschine verkürzt wird, dann sinken auch die Kosten für diesen Vorgang. Wenn sich ein Produktionsbetrieb für kurze Produktionsserien entscheidet, wird sich der Lagerbestand für diese Produkte verkleinern. In den nachfolgenden Abbildungen ist der Effekt der ursprünglichen Situation dargestellt, in der innerhalb eines gewissen Zeitraums dreimal eine Serie von 100 Stück eines bestimmten Produkts hergestellt wurde. Danach wird die Situation gezeigt, in der die Größe der Produktionsserien halbiert wurde, während die Anzahl der Produktionsserien innerhalb desselben Zeitraums verdoppelt wurde.

Durch die Verkürzung der Umstellzeit mithilfe von SMED kann öfter umgestellt werden. Durch das häufigere Umstellen in Verbindung mit kleineren Produktionsserien verkleinert sich der Lagerbestand. Ein kleinerer Lagerbestand und kürzere Produktionsserien machen den Produktionsbetrieb viel agiler. Es gehen weniger Eilaufträge ein und die Lager sind nicht so voll.

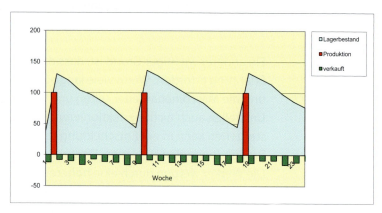

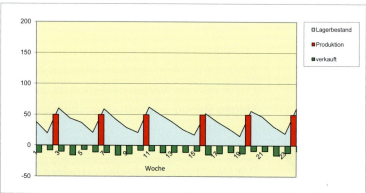

Abbildung 2: Darstellung des Effekts kleinerer Produktionsserien auf den Lagerbestand

3 Das SMED-System

3.1 Definition von Umstellzeit

Wenn in einem Produktionsprozess von einem Produkt auf das andere gewechselt wird, handelt es sich um Wartezeit. Diese Wartezeit entsteht durch die Notwendigkeit, Maschinenteile zu wechseln, die Anlage zu reinigen oder Verpackungsmaterialien zu wechseln. Diesen Übergang nennt man Umstellzeit oder Umrüstzeit. Andere Bezeichnungen dafür sind Setup, Produktwechsel, Umbau oder Changeover. Das Resultat ist immer dasselbe: Es wird nicht produziert, weil die Maschine für ein anderes Produkt vorbereitet werden muss.

Die Umstellzeit ist jene Zeit, in der die Maschine wegen dieser Tätigkeiten stillsteht.

Die Umstellzeit beginnt:
> **In dem Moment, in dem das letzte korrekte Produkt der Serie A aus der Maschine kommt.**

Danach finden verschiedene Tätigkeiten an der Maschine oder rund um die Maschine statt. Das Ende der Umstellzeit kann auf unterschiedliche Weise definiert werden, wie in der folgenden Grafik dargestellt.

Traditionelle Definition:
> **Die Umstellung endet in dem Moment, in dem das erste korrekte Produkt der Serie B aus der Maschine kommt.**

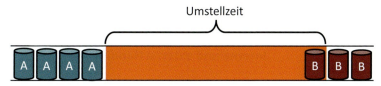

Abbildung 3: Definition von Umstellzeit

Noch ambitionierter wird es mit der folgenden Definition:
> **Die Umstellung endet in dem Moment, in dem die Maschine mit Normgeschwindigkeit korrekte Produkte der Serie B erzeugt.**

Bei Maschinen mit stufenlos-variabler Geschwindigkeit gibt es einen Zusammenhang zwischen schnellem Umstellen und der Zeit, die es kostet, um wieder die angestrebte Geschwindigkeit zu erreichen. Die Maschinenbediener können mit allen möglichen Tricks dafür sorgen, dass die Zeit, die für die Umstellung ihrer Maschine benötigt wird, sehr kurz ist. Aber wenn dadurch das erneute Anlaufen der Maschine nach der Umstellung nicht reibungslos funktioniert, ist der Zeitverlust letztendlich immer noch beträchtlich. Die zweite Definition kann in manchen Fällen diesen unerwünschten Effekt verhindern. In einem Produktionsbetrieb, der im Schichtdienst arbeitet, gibt es dafür möglicherweise verschiedene Arbeitsweisen. Die eine Schicht nimmt sich lieber etwas mehr Zeit für die Umstellung, um dann problemlos produzieren zu können, während die andere Schicht eher dazu neigt, die Umstellung schnell zu erledigen und die Feineinstellung dann im laufenden Betrieb vorzunehmen. Die Folge der letzteren Variante sind Geschwindigkeitsverlust und möglicherweise mehr Ausschuss beim erneuten Anlaufen nach der Umstellung.

Zeitverlust durch Umstellen

Die oben genannten Definitionen gelten auch für andere Wartezeiten in der Produktion, etwa Reinigungszeiten, CIP (Cleaning in Place), Wartung und Stillstandstage.

3.2 Interne und externe Handlungen

Die SMED-Methode in ihrer jeweiligen Form wird schon seit Jahrzehnten erfolgreich angewandt. Ihre Kraft liegt in der Einfachheit. Der wesentliche Kern der SMED-Methode ist die Unterscheidung zwischen internen und externen Handlungen, sowie die Anwendung der drei SMED-Phasen.

Interne und externe Handlungen

Eine Umstellung besteht aus zwei Arten von Handlungen, nämlich externen und internen Handlungen. Externe Handlungen können verrichtet werden, während die Maschine (noch oder schon wieder) läuft. „Extern" bedeutet in diesem Sinne: Außerhalb der Umstellzeit. Interne Handlungen können nur verrichtet werden, wenn die Maschine stillsteht. „Intern" bedeutet in diesem Sinne: Während der Umstellzeit.

Beispiele für externe Handlungen (oder Handlungen, die extern erledigt werden können):

- Das Abholen und Bereitstellen von Werkzeugen und Teilen, die für die Umstellung benötigt werden.
- Die Reinigung der Maschine an der Außenseite bei laufendem Betrieb.
- Die Vorbereitung der Laugenlösung, mit der die Maschine gereinigt wird.

Beispiele für interne Handlungen sind:

- Der Wechsel von Leitungen und Förderbändern.
- Die Reinigung des inneren Teils einer Verpackungsmaschine.
- Die Umstellung einer Abfüllmaschine auf eine andere Flaschengröße.

Stillstandszeit reduzieren

Ist eine Handlung nun intern, bedeutet das nicht, dass sie es auch bleiben muss. Die Stillstandszeit einer Umstellung ist die Gesamtdauer aller internen Handlungen. Es ist besser, möglichst viele interne Handlungen in externe umzuwandeln. Die drei Phasen des SMED-Systems bauen auf diesem Grundsatz auf.

> **Machen Sie aus internen Handlungen externe!**

3.3 Die drei Phasen von SMED

Die drei Phasen von SMED umfassen die Umwandlung interner Handlungen in externe und die anschließende Verkürzung der übrig bleibenden internen Handlungen. Shingo beschreibt die drei Phasen wie folgt:

Phase 1: Einteilung in interne und externe Handlungen

Bestimmen Sie für jede Handlung, ob sie verrichtet werden kann, während die Maschine (noch oder schon wieder) läuft. Suchen Sie nach Handlungen, die jetzt intern sind, aber ohne Anpassungen extern verrichtet werden können.

Phase 2: Interne Handlungen in externe umwandeln

Passen Sie interne Handlungen an, sodass sie extern verrichtet werden können.

Phase 3: Verkürzung interner Handlungen und Verkürzung externer Handlungen

Verkürzen Sie sowohl die internen als auch die externen Handlungen und bringen Sie sie in eine logische Reihenfolge.

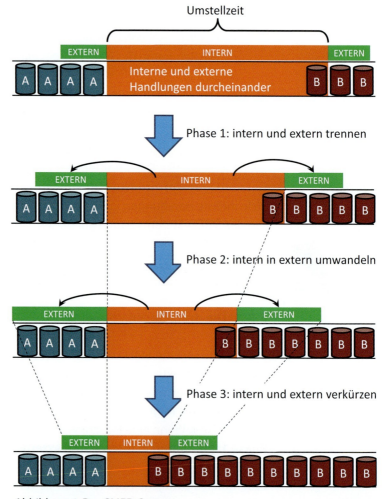

Abbildung 4: Das SMED-System

In Kapitel 6 werden die drei Phasen von SMED anhand eines Fallbeispiels näher erläutert.

4 Die Verwandtschaft von SMED mit TPM und Lean

Die Verkürzung der Umstellzeiten mit SMED ist eines der Basisinstrumente von Verbesserungsprogrammen wie TPM oder Lean. Beide Programme gehen von dem Prinzip aus, dass man Verluste in Prozessen erkennen und eliminieren muss. TPM ist ein älteres Programm als Lean Management. Im Mittelpunkt standen bei TPM ursprünglich die Maschinen und ihre Instandhaltung im Sinne von „Total Productive Maintenance". Heute sieht man TPM als ganzheitliches Verbesserungsprogramm im Sinne von „Total Productive Management". Die Grundlage des klassischen TPM ist einfach: Konzentriere dich ganz auf die Maschine. Achte darauf, dass die Maschine 100% der Zeit korrekte Produkte herstellt. Alle Aktivitäten außer der Produktion sind auf ein Mindestmaß zu begrenzen. Das relativ junge Programm „Lean Production" oder „Lean Management" stellt den Kunden in den Mittelpunkt. Prozesse, Maschinen und alle anderen Aktivitäten müssen auf den Kundenwunsch abgestimmt werden.

Fokus auf den Kundenwunsch richten

4.1 SMED und TPM

TPM ist ein aus den USA stammendes Verbesserungsprogramm, das Anfang der Fünfzigerjahre entstanden ist. Ursprünglich war es als Methode für die präventive Wartung gedacht. In Japan entwickelte die zu Toyota gehörende Firma Nippon Denso das Konzept weiter und gab ihm den Namen Total Productive Maintenance. „Total" steht dabei für die totale Beteiligung – jeder macht dabei mit. „Maintenance" steht dafür, dass die idealen Prozessbedingungen erhalten bleiben. Damals war der Gedanke weit verbreitet, dass sich die Aufgabe der Produktionsmitarbeiter auf das Produzieren beschränkt, die Techniker für das Reparieren zuständig sind und die Qualitätsabteilung die Qualität gewährleistet. Wenn eine Maschine eine Störung hat, kann der Produktionsmitarbeiter Kaffee trinken gehen oder ein bisschen zusammenkehren, während der Techniker die Maschine repariert. Kein Wunder, dass in Betrieben mit diesem Grundsatz die Techniker von den Produktionsmitarbeitern denken, diese seien „dumme Knöpfedrücker". In den Entstehungsjahren von TPM wurden die Maschinen immer komplexer, wodurch man zur Störungsbehebung und Wartung mehr Techniker einstellen musste. Der Grundgedanke von Nippon Denso war es, möglichst viel von der Basiswartung (Reinigen, Schmieren und Teile der Inspektionsarbeiten) von den Produktionsmitarbeitern durchführen zu lassen. So hoffte man, Techniker letztendlich nur noch für schwierigere technische Aufgaben zu benötigen. Aber man wollte auch, dass die Produktionsmitarbeiter ihre Maschine besser kennen lernen. Dies ist ein wichtiger Teil von TPM, der sich „Autonome Instandhaltung" nennt. Mit dieser Methode bekommen Produktionsmitarbeiter neben den Technikern Aufgaben bei der Vorbeugung gegen Verschleiß der Maschinen und bei der Erhöhung der Produktivität. Das Motto lautet: Wir sind alle zusammen für die Produktivität und die Lebensdauer der Maschinen verantwortlich. Alle Aktivitäten des TPM-Programms sind auf die Erhöhung der Gesamtanlageneffektivität (als „GAE" oder „OEE" abgekürzt) ausgerichtet.

Produktivität der Maschinen verbessern

Overall Equipment Effectiveness oder Gesamtanlageneffektivität (OEE bzw. GAE)

Ziel eines Produktionsbetriebs ist es, Geld zu verdienen. Geld wird verdient, wenn ein Mehrwert geschaffen wird. Der einzige Ort, an dem in einem Produktionsbetrieb ein Mehrwert geschaffen wird, ist an der Maschine, und das nur zu den Zeiten, in denen die Maschine läuft und korrekte Produkte herstellt. Eine Maschine hat einen maximalen Wirkungsgrad (ideal), wenn sie jederzeit ausschließlich Mehrwert schafft. Eine ideale Maschine:

Mehrwert entsteht an der Maschine

- läuft immer
- mit maximaler Geschwindigkeit
- alle Produkte sind auf Anhieb korrekt

Wenn die Leistung der Maschine diese drei Bedingungen erfüllt, beträgt ihr Wirkungsgrad 100%.

Die ideale Maschine läuft ohne Verluste: OEE = 100%

OEE steht für Overall Equipment Effectiveness (auch als Gesamtanlageneffektivität, GAE bezeichnet). Die OEE ist eine Berechnungsart für den Wirkungsgrad, bei der die ideale Maschine die Norm ist. Mit dieser Konvention wird das Maximum klar definiert:

Bei 100% OEE ist der ideale Wirkungsgrad einer Maschine erreicht. Mehr ist nicht möglich.

Verluste sichtbar machen

Ideale Maschinen gibt es nicht. Man muss immer mit planmäßigen oder unplanmäßigen Stillstandszeiten, Geschwindigkeitsverlusten oder Ausschussprodukten rechnen. Der Idealzustand ist nicht erreichbar. Dennoch ist es gut, die Maschinenleistung mit dem Ideal zu vergleichen. Bei 100% OEE (dem Ideal) gibt es keine Verluste, und das Verbesserungspotenzial ist gleich Null. Wenn man die Maschinenleistung mit dem Ideal vergleicht, werden alle Verluste sichtbar. Es geht nicht um den Wirkungsgrad (OEE), der erreicht wird, sondern um das Verbesserungspotenzial – die Verluste. Wenn alle Verluste sichtbar sind, kann auch eine gute Entscheidung darüber getroffen werden, welche Verluste in Angriff genommen werden. Die Verbesserung der Effizienz des wertschöpfenden Prozesses liegt in der Vermeidung dieser Verluste.

In der OEE-Berechnung sind die acht großen Maschinenverluste enthalten. Die folgende Tabelle gibt die gebräuchlichste Zusammenstellung der acht Maschinenverluste an:

Die acht Maschinenverluste sind hilfreich bei der Unterscheidung der verschiedenen Verbesserungspotenziale. Sie helfen bei der Auswahl der in Angriff zu nehmenden Verluste. SMED ist das Instrument, mit dem der Maschinenverlust „Warten" bekämpft wird.

4.2 SMED und Lean

Lean Thinking

Lean („schlank") ist eine Managementphilosophie, die darauf ausgerichtet ist, alle Verluste in der Organisation zu beseitigen. Prozesse werden als Wertkette mit wertschöpfenden Aktivitäten und sieben Verlustarten gesehen (siehe Kapitel 1). Bei der Unterscheidung zwischen wertschöpfenden Aktivitäten und Verlusten nimmt man den Blickwinkel des Kunden ein. Das wichtigste Merkmal von Lean ist: Der Kunde steht im Mittelpunkt. Prozesse und Organisation werden entsprechend den Anforderungen und Wünschen des Kunden eingerichtet. Die Bekämpfung der sieben Verlustarten zieht sich durch die gesamte Organisation. Dabei wird besonders auf den Aspekt der Urheberschaft geachtet. Die Personen, die in den Prozessen arbeiten, sollen die Prozesse auch verbessern.

Verlustfreie Produktion anstreben

Lean hat seinen Ursprung beim japanischen Fahrzeughersteller Toyota (Das Toyota-Produktionssystem) und ist in den Sechzigerjahren des vergangenen Jahrhunderts entstanden. Die Bezeichnung „Lean" wurde erst später eingeführt. Weltweit wenden viele Organisationen die Lean-Prinzipien an, sowohl Industriebetriebe als auch Dienstleister. Einer der Grundgedanken von Lean ist, dass jeder Prozess in einen Zustand des kontinuierlichen Flow kommen muss. Dieser Flow ist dann erreicht, wenn ein Prozess kontinuierlich läuft und keinen Stillstand aufgrund unplanmäßiger Störungen, aber auch keinen planmäßigen Stillstand durch Umstellen und Reinigung aufweist. Ein Prozess, der sich im Flow befindet, kennt keine Zwischenvorräte. Es wird nur dann produziert, wenn eine konkrete Kundennachfrage vorliegt. Auf Vorrat zu produzieren und zu hoffen, dass Kunden diesen Vorrat kaufen werden, ist nicht im Sinne von Lean.

Lean bedeutet: Flow

Lean-Programme bewirken eine Transformation von schwerfälligen Betrieben, die durch lange Produktionsserien nicht agil genug sind, um angemessen auf Kundenwünsche zu reagieren. Das Ergebnis sind Organisationen, die ihre Prozesse so eingerichtet haben, dass sie schnell auf jeden Kundenwunsch eingehen können. Es gibt keinen oder nur einen sehr kleinen Lagerbestand und jeder Kundenwunsch kann sofort in die Produktion gehen. SMED ist einer der festen Grundbestandteile einer Lean-Implementierung. Um Prozesse flexibler zu gestalten, ist es notwendig, schnell von einem Produkt auf das andere umstellen zu können.

5 Kaizenteams und SMED

Manche Probleme können von Einzelnen in Angriff genommen werden, andere lassen sich besser im Team lösen. Verbesserungen im Team kosten oft mehr Zeit, sind aber manchmal trotzdem notwendig, um ausreichend Rückhalt für die Lösungen zu schaffen. Außerdem profitiert man bei Teamarbeit davon, dass dort mehr Wissen versammelt ist als bei einer Einzelperson.

Urheberschaft von Lösungen fördert Akzeptanz

Die erfolgreiche Verkürzung einer Umstellung steht und fällt mit der Frage, ob alle Beteiligten die neue Umstellmethode anwenden werden. Das Analysieren und Verkürzen von Wartezeiten erfordert Wissen über den Prozess und Erfahrung in der Verrichtung der Handlungen während der Wartezeit. Die Lösungen können technische Anpassungen einer Maschine sein. Sie können sich aber auch auf die Arbeitsweise und die Reihenfolge der Handlungen beziehen. Ein wichtiger Aspekt beim Verbessern ist die Urheberschaft. Oft widersetzen sich Menschen gegen Lösungen, die sie nicht selbst gefunden haben. Sie fühlen sich nicht als Urheber der Lösungen. Besonders dann, wenn die Lösungen etwa von höherer Ebene kommen, ist die Wahrscheinlichkeit eher gering, dass der Rückhalt dafür groß sein wird. Es kann manchmal schwer genug sein, Lösungen den eigenen Kollegen zu verkaufen. In beiden Fällen ist es besser, wenn die Mitarbeiter, welche die Handlungen während der Wartezeit verrichten, selbst die Analyse erstellen und die Lösung erarbeiten.

5.1 Kaizenteams: Multidisziplinäre Verbesserungsteams

Um eine Umstellung gut analysieren und verbessern zu können, ist ausreichend Wissen über den aktuellen Prozess und die Produkte notwendig. In den meisten Organisationen ist dieses Wissen auf Mitarbeiter aus verschiedenen Abteilungen und Disziplinen verteilt. Werden Personen aus verschiedenen Abteilungen in einem Team vereint, übersteigt deren Wissen und Erfahrung die Möglichkeiten eines Einzelnen. Instandhalter wissen oft viel über den Betrieb einer Maschine. Doch sie haben weniger Einblick in das, was bei einer Umstellung genau passiert, als diejenigen, die täglich mit der Maschine arbeiten. Genau dieses Wissen und diese Erfahrung können die Einrichter und Bediener der Maschine einbringen. Das Verbessern von Prozessen funktioniert am besten in einem Team mit einem multidisziplinären Mix aus Mitarbeitern, die in und an dem Prozess arbeiten. Ein Kaizenteam ist eine multidisziplinäre Gruppe, bestehend aus Personen, die in einem relativ kurzen Zeitraum nach Lösungen für konkrete Probleme in ihrem eigenen Arbeitsumfeld suchen. Die Mitglieder von Kaizenteams haben alle direkten oder indirekten Einfluss auf das Problem. Das japanische Wort „Kaizen" bedeutet frei übersetzt „kontinuierliches Verbessern".

> *Schaffen Sie Rückhalt für die Lösungen – arbeiten Sie mit Kaizenteams.*

Mit der Gründung eines Kaizenteams werden das Wissen, die Erfahrung und die Kreativität der Mitarbeiter auf allen Ebenen einer Organisation auf wirksame Weise genutzt. So kann die Qualität der Prozesse und Produkte verbessert werden. Die Mitarbeit in Kaizenteams ermöglicht den Menschen, Einfluss auf die Qualität und Effizienz der eigenen Arbeit auszuüben. Die Teamzugehörigkeit ist eine Bereicherung für die Mitarbeiter. Kaizenteams sind deshalb nutzbringend für die Organisation und für die Mitarbeiter selbst. Ein Kaizenteam ist ein starkes Instrument, um Akzeptanz für Lösungen und Veränderungen zu schaffen. Der Auftraggeber bestimmt, WAS in Angriff genommen wird, und formuliert den Auftrag. Das Team bestimmt, WIE auf das Problem reagiert wird – es erarbeitet die Lösungen.

5.2 Die Zusammensetzung und Aufgabenverteilung im Kaizenteam

Erfolgsfaktoren von Kaizenteams

Der Erfolg eines Kaizenteams hängt zu einem großen Teil von der Zusammensetzung des Teams in Beziehung zum jeweiligen Thema ab. Wurden für das betreffende Thema die richtigen Personen ausgewählt? Wie sind die Aufgaben verteilt? Ist die Gruppe groß genug oder zu groß? Ist das im Team vorhandene Wissen über das Thema ausreichend?

Unter Zusammenarbeit versteht man den gemeinsamen Einsatz für einen bestimmten Zweck. Das nachfolgende Modell beschreibt, welche Komponenten für eine zielstrebige Zusammenarbeit in Kaizenteams notwendig sind.

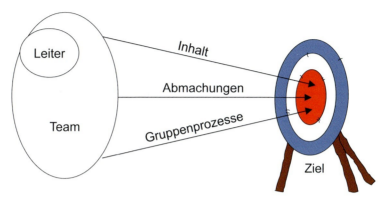

Abbildung 5: Modell für eine zielstrebige Zusammenarbeit in Kaizenteams

Inhalt steht für die inhaltliche Diskussion über das gewählte Thema und den Austausch von dazu passenden Fakten und Erfahrungen.

Der **Gruppenprozess** ist das Zusammenspiel der wechselseitigen Interaktionen: Hören die Teilnehmer einander zu? Helfen sie einander? Ist das Klima offen oder eher verschlossen? Finden die Teammitglieder den Prozess angenehm/nützlich? Macht jeder aktiv mit? Gibt es Untergruppen?

Abmachungen regeln die Aufgabenverteilung im Team, die Einhaltung der acht Schritte des Verbesserungszirkels, die Anwendung der drei Phasen von SMED und das Eingehen und Einhalten von klaren Abmachungen (z.B. das gut vorbereitete und pünktliche Erscheinen zu Besprechungen) und die Umsetzung von Maßnahmen.

In dem Modell wird zwischen der Rolle der Teammitglieder und der Rolle des Teamleiters unterschieden.

Der Prozessbegleiter (Kaizenleiter)

Der Moderator bzw. Prozessbegleiter des Kaizenteams ist derjenige, der über die Arbeit des Teams wacht. Er steuert hauptsächlich den Gruppenprozess und die Abmachungen und überlässt die inhaltliche Diskussion den Teammitgliedern. Man muss darauf achten, dass sich der Prozessbegleiter nicht in die inhaltlichen Diskussionen und deren Ergebnisse einmischt. Dann kann schnell die Situation entstehen, dass er den Prozess und das Verfahren aus den Augen verliert. Wenn der Dirigent eines großen Orchesters plötzlich ein Instrument in die Hand nimmt und sich unter die anderen Orchestermitglieder setzt, wird er sich bald nur noch auf sein Instrument konzentrieren und die anderen Orchestermitglieder aus dem Auge verlieren.

Keine Einmischung in inhaltliche Diskussionen

Wenn der Prozessbegleiter in der täglichen Praxis der Vorgesetzte der Teammitglieder ist, kann es passieren, dass er mit seiner natürlichen Autorität dafür sorgt, dass die Teammitglieder sich für seine Lösungen entscheiden. Das ist ein unerwünschter Effekt.

Der Prozessbegleiter des Teams ist jene Person, die alle möglichen kritischen Warum-Fragen stellt. Die stärksten Waffen des Teamleiters sind die W-Fragen:

> Warum macht ihr es so und nicht anders?
> Warum kontrolliert ihr das?
> Was meinst du damit? Wann passiert das?
> Wer gibt dir dieses Dokument?
> Wie oft passiert das?

Der Prozessbegleiter übt mithilfe derartiger Fragen Einfluss auf den Denkprozess der Teammitglieder aus, aber er achtet darauf, dass er in der Wahl der Lösungen nicht bestimmend ist. Er kann das Team dazu anregen, die eigene Arbeitsweise kritisch zu hinterfragen. Der Prozessbegleiter des Kaizenteams erstattet dem Auftraggeber regelmäßig Bericht über den Fortschritt.

Fachliche Kompetenz tritt in den Hintergrund

Wenn Prozessbegleiter nicht beim Inhalt mitreden sollen, ist es am besten, wenn sie auch gar nicht allzu viel davon verstehen. Nicht mitreden dürfen, obwohl jeder in der Organisation weiß, dass der Prozessbegleiter ein Experte ist, ist schwierig. Wählen Sie die Leiter auf der Grundlage ihrer Teambetreuungskompetenzen aus. Sie müssen darüber wachen, was in den Teams gesagt wird und was nicht, und können dann entsprechend intervenieren. Wählen Sie für diese Aufgabe vorzugsweise keine „Technokraten". Sie sind zu sehr von den Tools besessen und nicht immer gut im Betreuen von Teams.

Die Teammitglieder

Für die Teilnahme an einem Kaizenworkshop werden Mitarbeiter ausgewählt, die in ihrer täglichen Arbeit mit dem jeweiligen Thema zu tun haben. Wenn sich die Teilnehmer mit dem Gegenstand oder Problem identifizieren können, dann ist es wahrscheinlich, dass sie großen Einsatz dafür zeigen. Die Teilnahme an dem Team ist letztendlich freiwillig – aber nicht unverbindlich.

Guter Mix von Kompetenzen im Team

Die Teammitglieder haben die Aufgabe, sich mit ihrem Wissen und ihrer Erfahrung zum jeweils gewählten Thema einzubringen. Sie liefern in erster Linie den „Inhalt". Ein guter Mix, bestehend aus Personen mit viel Wissen, das für die Lösung des Problems nützlich ist, schafft große Erfolgschancen. Ein Team zur Verkürzung einer Umstellung besteht zum Beispiel aus dem Maschinenbediener und einem Mechaniker. Ein Team, das die Reinigungszeit einer Produktionsanlage in Angriff nimmt, kann etwa aus zwei Maschinenbedienern, einem Mechaniker und einem Qualitätsmitarbeiter bestehen.

Ein zusätzlicher positiver Effekt von Kaizenteams ist, dass die Teammitglieder Verbesserungstechniken erlernen, die sie in ihrer täglichen Arbeit anwenden können.

Größe der Gruppe

Die Mindestgröße eines Kaizenteams ist vier. Bei weniger als vier Teilnehmern wäre das Team bei dem vorübergehenden Ausfall eines der Mitglieder nicht mehr schlagkräftig genug. Mehr Teilnehmer können auch mehr Wissen zum Thema einbringen. Es gibt aber auch eine maximale Gruppengröße. In größeren Gruppen ist die Wahrscheinlichkeit höher, dass manche Teilnehmer nicht mehr an der Diskussion beteiligt sind. Um dafür zu sorgen, dass alle Teilnehmer aktiv an den Diskussionen teilnehmen, ist eine Gruppengröße von sieben Teilnehmern als Limit anzusehen.

Bei der Zusammenstellung des Teams entscheidet der Auftraggeber, ob genug Wissen und Kompetenz zur Problemlösung im Team vorhanden ist. Der innovative Charakter der Lösungen hängt von der Kreativität der Teilnehmer ab. Wenn es in anderen Organisationen schlaue Lösungen gibt, kann der Auftraggeber entscheiden, einen Mitarbeiter dieser anderen Organisation in das Team aufzunehmen. Dabei ist zum Beispiel an einen Mitarbeiter des Maschinenlieferanten zu denken, allerdings nicht den Verkaufsrepräsentanten, sondern eine Person mit ausreichend technischem Wissen über die Maschine.

5.3 Auftraggeber und Auftragnehmer

In traditionellen Organisationen ist der direkte Vorgesetzte der „große Problemlöser". Mitarbeiter werden dazu ermutigt, mit allen Problemen, welche die Arbeit betreffen, zum Vorgesetzten zu kommen. Das suggeriert, dass der Vorgesetzte diese Probleme auch alle löst.

Erwartungen klar formulieren

Ein Kaizenteam jedoch wird mit einem Problem konfrontiert und gebeten, dem Auftraggeber Lösungen zu liefern. Das Team ist der Auftragnehmer. Wenn die Lösungen gut durchdacht und untermauert sind, stellt der Auftraggeber die Mittel bereit. Das Team verwendet die Mittel anschließend dazu, die Lösungen umzusetzen. Für den Erfolg des Auftraggebers ist entscheidend, dass er verdeutlicht, was er will. Warum will er ein Kaizenteam und welche Erwartungen hat er an die Mitglieder? Warum hat er dieses Thema gewählt? Der Schwerpunkt liegt darin, das Problem, das er gelöst sehen will, dem Team zu verkaufen.

Der Auftraggeber ist kein Mitglied des Teams, aber er ist zu einem großen Teil für dessen Erfolg verantwortlich. Der Auftraggeber hat Einfluss auf zwei Faktoren: Eine gute Teamzusammenstellung und die gute Formulierung des Auftrags mit Zielsetzung und Rahmenbedingungen.

Eine ausgewogene Teamzusammenstellung

Der Auftraggeber schafft die Bedingungen, um ein Kaizenteam erfolgreich arbeiten zu lassen. Er wählt ein Thema, das den Zielsetzungen der Organisation entspricht. Darauf basierend bestimmt er die Teilnehmer des Teams, die das Thema dann als ihr Thema annehmen. Bei der Zusammenstellung des Kaizenteams achtet der Auftraggeber auf eine gute Mischung unterschiedlicher Fähigkeiten der Teammitglieder, damit die Aufgabe in Angriff genommen werden kann. Neben Wissen und Erfahrung geht es dabei auch um die Fähigkeit zur Zusammenarbeit und die positive Ausstrahlungskraft auf die Kollegen der eigenen Abteilung. Wie bereits erwähnt, sind Rückhalt und Akzeptanz wichtige Gründe dafür, eine Umstellung von einem Kaizenteam verbessern zu lassen. Wenn die Produktion im Schichtdienst erfolgt, kann ein Auftraggeber – im Hinblick auf Rückhalt und Akzeptanz für die Lösungen – aus allen Schichten Teilnehmer in das Team aufnehmen. Dies ist umso wichtiger, wenn festgestellt wurde, dass es signifikante Unterschiede in der durchschnittlichen Umstellzeit zwischen verschiedenen Schichten gibt.

Teammitglieder aus unterschiedlichen Schichten

Bei der Zusammenstellung des Teams berücksichtigt der Auftraggeber folgende Fragen:

- Ist genug Wissen im Team vorhanden, um den Auftrag erfolgreich abzuwickeln?
- Sind es Personen, die gut zusammenarbeiten können?
- Sind die Aussichten groß, dass ein Konsens erzielt wird?
- Sind die Teammitglieder in der Lage, die erarbeiteten Lösungen den Kollegen zu „verkaufen", die nicht im Team sitzen?

> Zu 50 % bestimmt der Auftraggeber den Erfolg eines Kaizenteams: Durch eine gute Zusammenstellung und einen klaren Auftrag.

Auftrag mit Rahmenbedingungen

Der Auftraggeber bestimmt, welche Umstellung durch ein Team verbessert werden soll. Unter Berücksichtigung dieser Auswahl stellt er ein Team zusammen. Das Team bekommt eine Zielvorgabe und bestimmte Rahmenbedingungen. Nicht jeder Lösungsansatz ist wünschenswert. Der Auftraggeber kann vorab seinen Einfluss dazu nutzen, bestimmte Lösungen, die er nicht will, auszuschließen. Er grenzt den Spielraum eines Kaizenteams ein, indem er Rahmenbedingungen festlegt. Das sind Grenzen, innerhalb derer sich das Team bewegen kann. Sie können sich etwa auf die Sicherheit, die Kosten oder die Hygiene beziehen.

Beispiele für Rahmenbedingungen:

Rahmenbedingungen setzen Grenzen

- Die Sicherheit bei der Arbeit muss gewährleistet bleiben.
- Die Maschine muss weiterhin den derzeitigen Anforderung (CE, JMP, usw.) entsprechen.
- Keine Festlegung eines Höchstbetrags für Investitionen
- Festlegung einer maximal zulässigen Amortisationszeit für die Lösungen (Kosten-Nutzen und Nutzen-Zeit- Diagramm).
- Die Qualität der Produkte darf nicht unter einer beschleunigten Umstellung leiden.

Beispiel: Hoch komplexe Lösungen, die ein breites Spezialwissen zur Bedienung nach sich ziehen, stehen nicht im Fokus des Teams. Um zu vermeiden, dass die Teammitglieder anstelle von pfiffigen Ideen sofort anwendbare Lösungen in Betracht ziehen, muss der Moderator das Team weg von der 100-Prozent-Lösung bewegen. Er kann vielleicht das Team ermutigen, erst einmal mit einer 50-Prozent-Lösung in die Umsetzungsphase zu gehen oder weiter nach ungewöhnlichen Lösungen zu suchen anstatt sich auf das Naheliegendste zu fixieren.

Klare Spielregeln

Lösungen innerhalb der Rahmenbedingungen realisieren

Der Auftraggeber stellt Mittel wie Zeit und Geld zur Verfügung und kann nötigenfalls seinen Einfluss geltend machen, falls es in der Organisation Widerstand gegen das Kaizenteam gibt. Darüber hinaus garantiert er, dass Lösungen, die in die Rahmenbedingungen passen, auch tatsächlich realisiert werden. Der Auftraggeber sollte die von der Gruppe gewählten Lösungen, die den vorab festgelegten Rahmenbedingungen entsprechen, nachträglich nicht blockieren, wenn sie ihm doch nicht gefallen oder nicht seiner Erwartung entsprechen. Tut er es doch, ist die Wahrscheinlichkeit hoch, dass das Team von seinem Auftrag entfremdet wird: „Mach es eben selbst, wenn du alles besser weißt."

Der Auftraggeber formuliert den Auftrag, die Zielsetzung und die Rahmenbedingungen in einem Auftragsbrief.

Ein Beispiel eines Auftragsbriefes finden Sie in Anlage A.

5.4 Der Verbesserungszirkel

Strukturierte Problemlösung

Bei der Lösung der Probleme oder der Verbesserung des Arbeitsprozesses halten sich die Mitglieder von Kaizenteams an eine strukturierte Arbeitsweise. Diese strukturierte Arbeitsweise zwingt sie dazu, zuerst über den Umfang und die Hauptursachen des Problems und erst danach über Lösungen nachzudenken. Die Arbeitsweise sieht verschiedene Techniken vor, die bei der Beschreibung, Untersuchung und Lösung des Problems helfen. Ein Kaizenteam setzt den Verbesserungszirkel ein, der eine Grundstruktur für die Lösung eines Problems oder Verbesserung eines Prozesses bietet. Mit diesem strukturierten Vorgehen geht das Team zielstrebig und handlungsorientiert an das Problem heran.

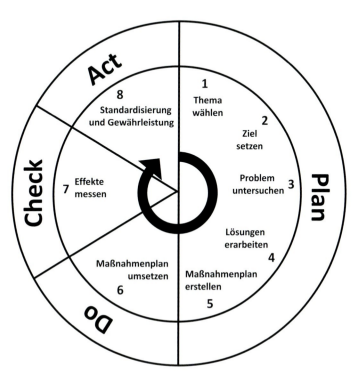

Abbildung 6: Der 8-stufige Verbesserungszirkel, basierend auf PDCA

Der Kern des Verbesserungszirkels ist dem PDCA-Zyklus von Dr. Edwards Deming entliehen. PDCA steht für Plan, Do, Check, Act. PDCA wurde in einem 8-stufigen Verbesserungszirkel weiter ausgearbeitet.

Die acht Stufen des auf PDCA basierenden Verbesserungszirkels sind:

Die Plan-Phase

In der Plan-Phase wird über das Problem nachgedacht (Umfang, Häufigkeit, Ursachen und Folgen) und es wird über Lösungen nachgedacht. Die Ergebnisse der Plan-Phase sind eine Analyse des Prozesses oder des Problems, der Grundursachen von Fehlern und Verlusten sowie ein Maßnahmenplan, in dem konkrete Lösungen enthalten sind.

Ursachen und Maßnahmen

Um dieses Ergebnis zu erreichen, werden fünf Schritte durchlaufen:

1. Der Auftraggeber wählt das Thema.
2. Der Auftraggeber legt das Ziel fest. Er beschreibt es in einem Auftragsbrief. Anschließend stellt er das Team zusammen. In der ersten Sitzung des Teams erklärt der Auftraggeber, warum er diesen Auftrag genau diesem Team erteilt. Wenn über den Auftragsbrief Einvernehmen herrscht, verlässt der Auftraggeber die Sitzung und das Kaizenteam kann anfangen zu analysieren.
3. Mithilfe verschiedener Analyseinstrumente untersucht das Kaizenteam die derzeitige Situation. Wie wird derzeit umgestellt, wie funktioniert die Maschine und was sind die Grundursachen für Verluste und Probleme?
4. Nachdem die wichtigsten Grundursachen und der Grund für die lange Umstelldauer festgestellt wurden, können Lösungen für eine neue Umstellmethode erarbeitet werden.
5. Der letzte Schritt der Plan-Phase ist die Erstellung eines Maßnahmenplans, der die Art der Implementierung dieser Lösungen festschreibt. Am Ende der Plan-Phase präsentiert das Team dem Auftraggeber die Lösungen und den Maßnahmenplan. Wenn der Auftraggeber sein

Einverständnis gibt, kann in die Umsetzung der Pläne, in die Do-Phase, übergegangen werden.

Do-Phase

6. Das Kaizenteam setzt alle Maßnahmen des Maßnahmenplans um oder lässt sie umsetzen. Die Teammitglieder kontrollieren selbst den Fortschritt und die Qualität der Umsetzung und schreiten ein, wenn sich Abweichungen von den ursprünglichen Absichten ergeben.

Check-Phase

7. In der Check-Phase überprüft das Team die Wirkung der realisierten Verbesserungen. Es vergleicht die Ergebnisse der Messung mit dem Ziel, das im Auftragsbrief festgelegt wurde. Falls notwendig, nimmt das Team in der Act-Phase Korrekturen vor.

Act-Phase

8. Die Kunst des Verbesserns liegt darin, dafür zu sorgen, dass es besser wird und auch bleibt. Dafür werden im achten Schritt Standardisierungsmethoden entwickelt, um die Verbesserungen auch weiter zu gewährleisten. Das Team sorgt dafür, dass alle Beteiligten die neuen Standards kennen und anwenden lernen.

5.5 Die Durchlaufzeit eines SMED-Kaizens

Einfachheit statt Komplexität

Die Themenwahl bestimmt zu einem großen Teil die Durchlaufzeit eines Kaizens. Im Allgemeinen gilt: Je begrenzter oder einfacher das Thema, desto kürzer die Durchlaufzeit. Die Gefahr eines zu großen oder komplexen Themas ist, dass die Durchlaufzeit oft sehr lange wird und das Team schneller den Überblick verliert. Die Erfahrung lehrt, dass der Enthusiasmus der Teilnehmer schwindet, wenn der ganze Kaizenzyklus länger als sechs Monate dauert. Ein großes oder komplexes Thema sollte lieber auf mehrere Kaizenteams verteilt werden.

Es kann die Variante gewählt werden, bei der das Team jede Woche einen halben Tag zusammenkommt. Die Dauer einer Sitzung beträgt zwei bis drei Stunden. Versuchen Sie, die Zeit zwischen den Sitzungen eher gering zu halten. Bei langen Zwischenzeiten besteht die Gefahr, dass der Hintergrund bestimmter Entscheidungen oder Analysen in Vergessenheit gerät und die Diskussion von vorne beginnt. Halten Sie bei jeder Sitzung in Gesprächsprotokollen fest, was besprochen und beschlossen wurde und welche Maßnahmen getroffen werden müssen.

> *Ein Kaizen-Event ist eine kurze aber kraftvolle Variante eines Kaizenteams.*

Kaizen-Event: Kompakt mit starker Wirkung

Wenn ein Kaizen-Event organisiert wird, bei dem die meisten benötigten Informationen bereits vorhanden sind, kann schnell zur Ursachenanalyse übergegangen werden. Bei der Verkürzung von Wartezeiten können eine gute Zeitregistrierung und ein Video genug Informationen für die Ursachenanalyse in Schritt drei liefern. In einer solchen Situation eignet sich die Abhaltung eines Kaizen-Events sehr gut. Bei einem Kaizen-Event werden die Teammitglieder an vier oder fünf aufeinander folgenden Tagen freigestellt, um die ersten fünf Schritte des Verbesserungszirkels zu durchlaufen. Am Ende des Events liegt ein Maßnahmenplan vor, und es sind möglicherweise schon Maßnahmen umgesetzt worden. Durch seine Kompaktheit hat ein Kaizen-Event eine starke Wirkung auf die Organisation.

In den folgenden drei Kapiteln werden die drei Phasen von SMED in Kombination mit den acht Schritten des Verbesserungszirkels anhand eines praktischen Beispiels detailliert beschrieben.

6 SMED im Verbesserungszirkel: Die Analyse-Phase

In den verschiedenen Schritten des Verbesserungszirkels lassen sich allerlei Analyse- und Verbesserungsinstrumente einsetzen. Das können Basisinstrumente sein, etwa Brainstorming, 5xWarum oder Arbeitsplatzvisualisierung, aber auch spezifische Instrumente wie SMED. Anhand eines praktischen Beispiels der Anwendung von SMED auf die Umstellung einer Abfüllmaschine beschreiben wir diese Instrumente unter Berücksichtigung ihres Platzes im Verbesserungszirkel. Die SMED-Methode in Kombination mit dem Verbesserungszirkel ist gleichermaßen auf Wartezeiten in anderen Produktionsprozessen übertragbar, aber auch auf Wartezeiten in anderen Sektoren, etwa im Gesundheitswesen.

6.1 Schritt 1 – Thema wählen

Praxissituation:

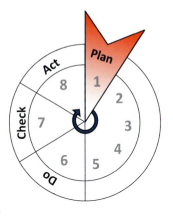

Beispiel: Kapazitätsengpass an Fertigungsstraße

Der Produktionsmanager der Firma MasterPack GmbH hat ein Problem. Eine der Fertigungsstraßen ist für die nächste Zeit praktisch schon komplett ausgelastet, während in diesem Zeitraum ein Anstieg der Kundennachfrage zu erwarten ist. Es wird in drei Schichten produziert. Mehr Kapazität kann auf dieser Fertigungsstraße nur mit teurer Wochenendarbeit erzielt werden. Im Vorstand werden schon Stimmen laut, die fordern, eine zweite identische Fertigungsstraße anzuschaffen, um damit auf die steigende Nachfrage reagieren zu können. Der Produktionsmanager zweifelt daran, dass wirklich so viele Bestellungen eingehen, dass eine zweite Straße rentabel wäre. Er vermutet, dass es auf der derzeitigen Fertigungsstraße

Stillstandszeiten bergen Kapazitätsreserve

noch Spielraum für mehr Produktion gibt, wenn die Stillstandszeiten reduziert werden. Die planmäßigen Stillstandszeiten sind der weitaus größte Verlustposten. Der Manager schätzt, dass die Zeit, die jede Woche durch Umstellungen verloren geht, um die Hälfte reduziert werden müsste, damit die Fertigungsstraße vorläufig genug Spielraum für mehr Bestellungen hat.

Der Produktionsmanager entscheidet sich für eine Verkürzung der Umstellzeit der Fertigungsstraße mithilfe von Kaizenteams. Ihm ist bewusst, dass durch die Arbeit der Kaizenteams während der Optimierungsphase die Kapazität der Anlage möglicherweise temporär beschränkt wird. Deshalb möchte er die Einsatzzeit der Teams eher kurz halten. Er entscheidet sich daher für Kaizen-Events. Die Teams bekommen eine ganze Woche Zeit, um die Umstellzeiten zu analysieren und zu verbessern. Jedes Kaizenteam besteht aus drei Maschinenbedienern, einem Mechaniker und einem Mitarbeiter der Qualitätssicherung. Als Prozessbegleiterin ist eine Mitarbeiterin aus der Personalabteilung gefragt. Diese Entscheidung ist vielleicht nicht mit ihrem persönlichen Hintergrund zu begründen, sehr wohl aber mit ihrer Fähigkeit, die Zusammenarbeit anzuregen und den Teamgeist zu wecken.

Als das Team am ersten Tag des Kaizen-Events anfängt, kommt der Produktionsmanager, um zu erklären, warum er es wichtig findet, dass die Umstellzeit kürzer wird und warum er dafür Kaizenteams nutzt.

Erklärung ist wichtig

Der Auftraggeber muss erklären können, warum er ein bestimmtes Thema gewählt hat und warum es wichtig ist, dass das Problem in Angriff genommen wird. Es ist essenziell, dass der Auftraggeber erklärt, was mit der gewonnenen Umstellzeit passieren wird. Es kann sein, dass die gewonnene Zeit dazu genutzt wird, öfter umzustellen, damit der Lagerbestand kleiner wird. Der Produktionsertrag wird in diesem Fall nicht steigen, aber der Lagerbestand wird sich verkleinern. Eine andere Option ist, den Zeitgewinn für eine Steigerung der Produktionsmenge zu verwenden.

> Der Auftraggeber erklärt, warum die Umstellzeit kürzer werden muss und was mit dem Zeitgewinn passiert.

Der Auftraggeber fragt sich, ob die Verkürzung der Umstellzeit der Abfüllmaschine eventuell in einem breiteren Rahmen sinnvoll ist. Alle Maschinen der betreffenden Fertigungsstraße sind aneinander gekoppelt. Wenn bei einem Produktwechsel gleichzeitig die Mischanlage und die Verpackungsstraße auf das nächste Produkt umgestellt werden müssen, dann ist eine ausschließlich auf die Ab-

füllmaschine begrenzte Umstellzeitverkürzung nicht ausreichend. So würde die Wartezeit durch Umstellungen nur in Wartezeit durch Stagnation der Produktzufuhr umgewandelt, weil die Mischanlage die Umstellung noch nicht abgeschlossen hat.

Engpass zuerst optimieren

Deshalb entscheidet sich der Auftraggeber dafür, die Umstellungen der verschiedenen Maschinen in der Fertigungsstraße in Angriff zu nehmen, beginnend mit dem Bottleneck (Engpass). Auf der Grundlage des folgenden Paretodiagramms will er zuerst die Abfüllmaschine vom Team behandeln lassen, denn sie hat die längste Umstellzeit. Danach steht mithilfe von SMED die Verkürzung der Umstellzeit der Verpackungsmaschine auf dem Programm.

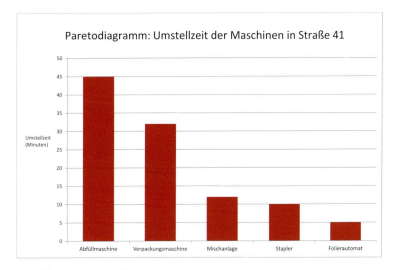

Abbildung 8: Paretodiagramm

6.2 Schritt 2 – Ein Ziel setzen

Praxissituation:

Der Produktionsmanager ist der Auftraggeber für das erste Kaizen-Event. Im Auftragsbrief hat er eine Zielvorgabe für das Team formuliert. Er hatte sich über Lean-Methoden informiert und erfahren, dass mithilfe von

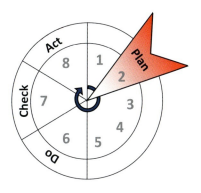

SMED eine Halbierung der Umstellzeit möglich ist. Zur Zeit dauert die Umstellung in dem für das Kaizen-Event ausgewählten Bereich durchschnittlich 45 Minuten. Die Zielsetzung im Auftragsbrief lautet:

„Die derzeitige Umstellzeit der Abfüllmaschine soll von 45 Minuten auf 20 Minuten reduziert werden, zu realisieren innerhalb von zwei Monaten ab dem Start der Kaizen-Maßnahme."

Das Kaizenteam hält diese Zielsetzung nicht für sehr realistisch. Die Prozessbegleiterin schlägt vor, sich als Erstes die Videoaufzeichnung der betreffenden Umstellung anzusehen. Nachdem sich die Teammitglieder das Video angesehen haben, sind sie doch optimistischer im Hinblick auf die Zielsetzung. Einer der Maschinenbediener erklärt sogar, dass er wisse, wie die Umstellung in einer Viertelstunde möglich sei. Jeder stimmt dem Auftragsbrief zu und das Kaizenteam macht sich an die Arbeit.

SMART-Ziele

Eine gut formulierte Zielsetzung sorgt dafür, dass jeder weiß, woran gearbeitet wird, was genau erreicht werden muss und wann es erreicht werden muss. Sie gibt eine Richtung für die Arbeiten des Teams vor. Bei einer guten Zielsetzung ist klar, wann das Team mit dem Auftrag fertig ist. Schließlich motiviert eine gute Zielsetzung die Teammitglieder, das Ergebnis auch tatsächlich zu erreichen. Und wenn das Ziel erreicht ist, dann können Erfolge gefeiert werden.

Wertvolle, gut formulierte Zielsetzungen erfüllen die SMART-Kriterien (Spezifisch, Messbar, Akzeptabel, Realistisch und Termingebunden). Passen Sie die Zielsetzung den Erwartungen der am Prozess Beteiligten an.

Zielvorgaben inspirierend gestalten

Vorsicht: Eine allzu straffe Handhabung der SMART-Kriterien, verbunden mit einer Reihe von harten Rahmenbedingungen, kann die Kreativität im Keim ersticken. Gestalten Sie Zielvorgaben inspirierend.

SMART steht für:

Spezifisch

Eindeutige Ziel-formulierung

Das Thema ist so beschrieben, dass es nur eine Interpretation zulässt. Eine Zielsetzung ist spezifisch, wenn eindeutig ist, was zum Thema gehört und was nicht. Zum Beispiel: Produktwechsel oder Formatumstellung. Und vergessen Sie nicht die Erwähnung der jeweiligen Fertigungsstraße oder Maschine.

Messbar

Fakten zählen

Die Messbarkeit ist notwendig, um Diskussionen darüber zu vermeiden, wie groß ein Problem gefühlsmäßig ist, oder wie gut es gefühlsmäßig läuft. Lassen Sie Fakten sprechen. Wartezeiten sind ausgezeichnet messbar. Womöglich gibt es schon Registrierungen, die Fakten liefern. Es ist wichtig, zu ermitteln, ob die derzeitige Registrierung die Umstellung auch in ihrer Standarddefinition misst: Ab dem letzten korrekten Produkt von Serie A bis zum ersten korrekten Produkt von Serie B.

Akzeptabel (Wollen wir an dem Thema arbeiten?)

Alle müssen wollen

Man muss an einem Thema auch arbeiten wollen. Wenn ein Kaizenteam den Auftrag bekommt, 20% der Arbeitsplätze in ihrer Abteilung abzubauen, dann mag das zwar möglich sein, aber das Team wird nicht mitarbeiten wollen. Daneben muss auch der Auftraggeber die Zielsetzung akzeptabel finden, und zwar im Sinne von „ambitioniert genug". Das bedeutet, dass eine Zielsetzung für ein SMED-Projekt zur Verkürzung einer Umbauzeit von 45 auf 40 Minuten nicht herausfordernd ist. Das Team wird nicht dazu angeregt, mit viel Elan an die Sache heranzugehen, und das Ergebnis steht in keinem Verhältnis zu den Anstrengungen.

Realisierbar (Können wir das Ziel erreichen?)

Machbarkeit ist wichtig

Eine gute Zielsetzung gibt dem Team das Gefühl, dass es das Ziel realisieren kann und dass das eine Herausforderung ist. Das andere Extrem, etwa eine Reduktion der Umbauzeit in einem Kaizenzyklus von 45 Minuten auf 2 Minuten, kann von dem Team als völlig unerreichbar betrachtet werden. Die Folge ist großer Widerstand, weil man dabei keine Ehre gewinnen kann. Besser ist es, dieses Ziel auf mehrere Kaizen-Aktionen zu verteilen. Der erste Kaizen-Workshop reduziert die Umbauzeit von 45 auf 25 Minuten, der zweite von 25 auf 15 Minuten usw.

Bis wann?

Termingebunden
Eine gute Zielformulierung beinhaltet den Zeitraum, in dem das Team die Lösungen in die Praxis umsetzen und das beabsichtigte Ergebnis erreichen soll. Eventuell kann das Team die Zielsetzung durch eine Planung konkretisieren. Der Auftrag für das Kaizenteam bei MasterPack GmbH ist durch den Zeitraum von zwei Monaten termingebunden. Besser wäre es, ein Datum zu nennen: „Das SMED-Projekt ‚Umstellzeitverkürzung der Abfüllmaschine' startet am 1. November und endet am 1. Januar."

> *Gestalten Sie die Zielsetzungen von Kaizenteams SMART.*

Wiederherstellen des Grundzustandes

Es kommt immer wieder vor, dass ein Kaizenteam mithilfe von SMED eine Umstellzeit verkürzen soll, während die Maschine und die Umgebung unordentlich und schmutzig sind. Oder es gibt Wartungsrückstände, durch die Teile der Maschine lose sitzen, fehlen oder kaputt sind. Es ist nicht vernünftig, in so einer Situation mit SMED anzufangen. Das Risiko, dass die erarbeiteten Lösungen nach der Einführung wieder versanden, ist groß. Eine unordentliche und schmutzige Umgebung hat Einfluss auf das Verhalten der Menschen, die an der Maschine arbeiten. Ein schlechter Zustand verleitet dazu, weniger sorgsam mit der Anlage umzugehen.

Zuvor sollte durch Reinigung und Wartung der Grundzustand der Maschine wiederhergestellt werden. Das kann der erste Auftrag an das Kaizenteam sein: Ein Cleanout organisieren, bei dem die Abteilung einen ganzen Tag lang die Maschine reinigt und ihr eventuell einen neuen Anstrich gibt. Beim Cleanout markieren die Teilnehmer Wartungsrückstände mithilfe von Kärtchen in Form von Anhängern (s. auch Buch „5S von Bert Teeuwen und Christoph Schaller). Das Kaizenteam fängt erst mit SMED an, wenn mindestens 90% aller Markierungen abgearbeitet sind.

Eine zweite Variante zur Wiederherstellung des Grundzustandes bezieht sich auf die Umstellmethode. Oft gibt es zwar irgendwo einen Ordner mit einer Arbeitsanweisung für die Umstellung, aber keiner hält sich daran. Es könnte gut sein, dass diese Arbeitsanweisung ausgezeichnet ist. Es lohnt sich, während der nächsten Wochen ein paar Umstellungen exakt nach dieser Arbeitsanweisung durchzuführen. Die Erfahrungen dieses Versuchs können dann entweder zu der Schlussfolgerung führen, dass SMED trotzdem benötigt wird, oder dass das Arbeiten nach diesem „alten" Standard ein zufriedenstellendes Ergebnis bringt.

Abbildung 9: Zuerst muss der Grundzustand wieder hergestellt werden, dann kann mit der Optimierung begonnen werden

Zu Beginn der ersten Sitzung des Kaizenteams erklärt der Auftraggeber die Inhalte des Auftragsbriefes. Punkt für Punkt spricht er die Auftragsformulierung, die Zielsetzung und die Rahmenbedingungen mit dem Team durch. Eventuell wird noch über die Rahmenbedingungen verhandelt. Wenn der Auftragsbrief Zustimmung findet, kann das Team mit der Analyse anfangen.

 Das erste SMED-Projekt muss erfolgreich abgeschlossen werden. Nehmen Sie eine Umstellung oder einen Produktwechsel zuerst dort vor, wo die Erfolgschancen hoch sind.

6.3 Schritt 3 – Das Problem untersuchen: Erarbeitung eines gemeinsamen Bildes und Ursachenanalyse

Praxissituation:

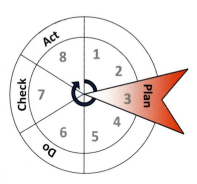

Die Teammitglieder haben eine Umstellung der Abfüllmaschine gefilmt und die Zeiten erfasst. Anhand der Zeitregistrierung erstellen sie ein Paretodiagramm. Sie entscheiden, dass es nicht genug ist, nur die größten Elemente der Umstellung in Angriff zu nehmen. Die Zielsetzung ist so ambitioniert, dass alle Elemente der Umstellung schneller werden müssen.

Beispiel: Umstellung soll schneller werden

Mithilfe eines Simulationsspiels werden die Begriffe „intern" und „extern" und die drei Phasen der SMED-Methode erklärt. Das Team lernt anhand dieses Spiels, die SMED-Methode praktisch anzuwenden.

Anschließend sieht sich das Team die Videoaufzeichnung an und notiert zunächst für sich selbst Punkte, die verbessert oder extern erledigt werden können.

Der Mensch denkt oft lösungsorientiert. Wenn Unfälle, Störungen oder andere Probleme auftreten, werden schnell Lösungen auf den Tisch gelegt. Es besteht die Gefahr, dass diese Lösungen nicht die richtigen sind und nicht funktionieren, weil man noch kein gutes und vollständiges Bild von der derzeitigen Praxis hat.

In Schritt 3 des Verbesserungszirkels erarbeitet das Team ein gemeinsames Bild, wie und warum jetzt umgestellt wird.

Erarbeitung eines gemeinsamen Bildes

Wenn ein Team ein Problem analysiert, haben oft einzelne Teammitglieder ein abweichendes Bild oder eine andere Vorstellung von der derzeitigen und der gewünschten Art der Umstellung. Dies führt regelmäßig zu ineffizienten Diskussionen. Fehlendes

Scheinlösungen vermeiden

Wissen über die Anlage oder die Arbeitsanweisungen kann zur Folge haben, dass die falschen Ursachen „gefunden" werden. Die Folge sind Scheinlösungen. Um dies zu verhindern, fassen die Teammitglieder gemeinsam zusammen, wie die derzeitige Umstellung abläuft. Sie greifen dabei auf Zeichnungen, Fotos, Videos und Anleitungen zurück. Unausgesprochene gegenseitige Erwartungen, zum Beispiel, dass ohnehin jeder weiß, wie die Umstellung funktioniert, erweisen sich oft als nur teilweise wahr. Im BUB-Modell wird schematisch dargestellt, wie wichtig ein gemeinsames Bild von der Umstellung ist. Solange die einzelnen Teammitglieder unterschiedliche Bilder von einer bestimmten Situation haben, können sie unmöglich ein von allen mitgetragenes Urteil über die Situation abgeben und daraus anschließend einen tragfähigen Beschluss fassen. Jeder urteilt über eine Situation auf Basis des Bildes, das er selbst von der Situation hat. Unterschiedliche Bilder werden immer unterschiedliche Urteile hervorrufen. Wenn diese Gruppe anschließend ohne ein gemeinsames Bild einen Beschluss fasst, wird dies viel Mühe kosten. Darüber hinaus besteht ein erhebliches Risiko, dass dieser Beschluss falsch ist.

Eine gemeinsame Basis für Entscheidungen schaffen

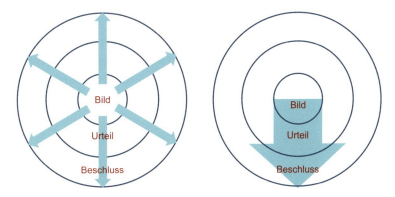

Abbildung 10: BUB-Modell

Der ideale Weg fängt bei einem gemeinsamen und vollständigen Bild von der Situation an und verläuft über ein gemeinsames Urteil zu einem gemeinsamen Beschluss über die Situation.

Gehen Sie (auch bei erfahrenen Mitarbeitern) nicht davon aus, dass jeder weiß, wie die Maschine genau funktioniert.

Erarbeitung eines Bildes von der Umstellung

Es ist erforderlich, dass die Teammitglieder zusammenfassen, wie die derzeitige Umstellung funktioniert. Es genügt nicht, die aktuelle Umstellungsanweisung durchzunehmen, da man dieser Anweisung in der Praxis nicht oder nur halb folgt. Manchmal hat sogar jeder Maschinenbediener seine eigene Methode, wie er die Maschine umstellt. Eine Videoaufzeichnung der Umstellung und eine Zeiterfassung sind notwendig, damit jeder ein korrektes Bild vom derzeitigen Umstellungsablauf hat. Es gibt verschiedene Möglichkeiten, mehr über die Umstellung zu erfahren. Denken Sie dabei etwa an:

- **Videoaufzeichnungen**
  Ein Video von der Umstellung ist eine sehr einfache und wirksame Art, Fakten über eine Umstellung zu sammeln. Ein Video beantwortet folgende Fragen: Was sehe ich und wie lange dauert das? Bei kurzen Umstellungen kann die gesamte Umstellung ohne Unterbrechung aufgezeichnet werden. Bei Umstellungen, die mehrere Stunden oder gar Tage dauern, werden kurze Aufnahmen von den jeweiligen Handlungen gemacht. Wenn zum Beispiel während der Umstellung zehn Minuten lang zwölf Muttern gelöst und entfernt werden, wird das Lösen und Entfernen von nur einer dieser Muttern gefilmt. Die Gesamtzeit der Entfernung aller Muttern wird auf der Registrierungsliste vermerkt.

- **Zeit registrieren**
  Eine Umstellung kann in Elemente und Handlungen unterteilt werden. Ein Element besteht aus mehreren Handlungen. Ein Element ist zum Beispiel die Entfernung der Leitungen von der Abfüllmaschine. Die Handlungen, die bei diesem Element verrichtet werden, sind das Lösen und Entfernen der oberen Leitung, das Lösen und Entfernen der seitlichen Leitung und das Entfernen des Einlaufs. Alle diese Handlungen sind Teil des Elements „Leitungen von der Abfüllmaschine entfernen". Auf der Registrierungsliste wird während einer Umstellung protokolliert, wie lange die verschiedenen Elemente dauern. Bezeichnungen für die jeweiligen Elemente

| Zeitregistrierung | von Artikel: _____ | zu Artikel: _____ |

Elemente:	Umstellzeit (Min)
Herunterfahren	4
Füllhähne öffnen und schließen	3
Maschine leer laufen lassen	4
Trocken blasen mit Luft	3
Spülen mit Wasser	1
Neuen Tank anschließen	3
Fülltank voll laufen lassen	6
Fülltank auf Druck kommen lassen	10
Füllhähne öffnen und schließen	2
Maschine hochfahren	2
15 Flaschen füllen und prüfen	4
Feineinstellung	3
Gesamt:	45

1 Feld = 1 Minute

Abbildung 11: Registrierungsliste

werden an Ort und Stelle bestimmt.
Die Teammitglieder machen sowohl den Film als auch die Registrierungsliste selbst. Sollte es passieren, dass es zu Abweichungen kommt, etwa zu einer Störung beim Umstellen, dann können sie dies in der Kaizensitzung besprechen.

- **Zusehen**
  Noch praktischer ist es, mit dem ganzen Team bei einer Umstellung zuzusehen. Die Teammitglieder teilen die verschiedenen Aufgaben untereinander auf. Ein Teammitglied filmt, ein anderes erfasst die Zeiten, und die anderen schreiben möglichst genau ihre Wahrnehmungen auf. Es ist wichtig, dass die Umstellung möglichst natürlich und von einem erfahrenen Maschinenbediener durchgeführt wird. Das bedeutet, dass der ausführende Werker Erfahrung mit der betreffenden Umstellung haben muss und nicht wegen der Videoaufzeichnung auf die eine oder andere Art hastiger umstellt als normal.

TIPP: *Lassen Sie Datum und Uhrzeit bei der Videoaufzeichnung sichtbar mitlaufen, damit Sie bestimmte Stellen leichter wiederfinden.*

Das Paretodiagramm

Die Registrierungsliste erklärt die Elemente, aus denen eine Umstellung aufgebaut ist. Für jedes Element wird sichtbar, wie lange es gedauert hat. Auf Grundlage der Zeitregistrierung lässt sich bestimmen, welche Elemente in Angriff genommen werden. Um Zeit zu gewinnen, kann man sich dafür entscheiden, jeweils nur die größten Elemente zu optimieren. Es kann hilfreich sein, die Elemente in einem Paretodiagramm darzustellen. In einem Paretodiagramm werden die Elemente in zeitlicher Abfolge angeordnet, sodass auf einen Blick sichtbar wird, welche Elemente die größten sind. Oft trifft die 80-20-Regel zu: 80% der Umstellzeit steckt in 20% der Elemente. Nur die größten Elemente in Angriff zu nehmen, kann schon genug sein, um die Zielsetzung zu erfüllen. Wenn mehr Zeit zur Verfügung steht oder wenn die Zielsetzung es erfordert, kann man auch alle Elemente analysieren und verbessern.

Konzentration auf die „dicken Fische"

> 80% des Ergebnisses kann durch eine Beseitigung von 20% der Ursachen erreicht werden.

Das Paretoprinzip

Der italienische Ökonom Vilfredo **Pareto** entdeckte (um 1906), dass 20% seiner Landsmänner 80% des gesamten Vermögens besaßen. Es zeigte sich, dass diese Entdeckung auch in größerem Maßstab gilt: 20% der Weltbevölkerung besitzen 80% des gesamten Vermögens. Und umgekehrt: Der Rest des Vermögens (20%) ist in den Händen von 80% der Bevölkerung.

Der Qualitätsguru Joseph Juran hat dieses Prinzip weiter ausgearbeitet. Er entdeckte, dass dieses **80-20-Prinzip** auf viele Bereiche übertragbar ist, auch auf die Wirtschaft:
20% der Kunden bringen 80% des Umsatzes. 20% der Kunden verursachen 80% der Produktbeanstandungen.
Und auch: 80% der Probleme werden von 20% der Ursachen hervorgerufen. Wenn alle Ursachen eines Problems erfasst und analysiert werden und die wichtigsten 20% (die großen

Fische) beseitigt werden, kann ein Problem zu 80% gelöst werden. Wenn man sich allein auf diese 20% konzentriert, kann man die Effizienz der Problembehandlung deutlich steigern.

Juran sagte: „… der größte Teil des Verbesserungseffekts ist der Beseitigung relativ weniger Ursachen zu verdanken."

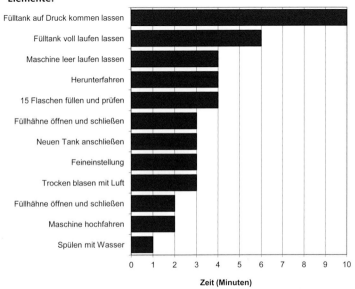

Abbildung 12: Paretodiagramm der Elemente einer Umstellung

Die Entscheidung über die jeweils in Angriff zu nehmenden Elemente kann unter Berücksichtigung der Art der jeweilgen Aktivitäten getroffen werden. Umstellzeiten sind aus verschiedenen Aktivitäten aufgebaut:

Vor- und Nachbereitung	Die für die Umstellung benötigten Werkzeuge und Umbauteile werden vorbereitet und nach der Umstellung wieder zurückgelegt. Die Maschine wird heruntergefahren. Nach dem Herunterfahren werden alle Produkte und Verpackungsmaterialien entfernt.
Wechsel von Teilen und Materialien	Teile der Maschine werden entfernt und durch Teile ersetzt, die für die Herstellung des nächsten Produkts benötigt werden.

Reinigung	Die Maschine wird gereinigt, um zu verhindern, dass Produktreste die Qualität des nächsten Produkts negativ beeinflussen. Die Reinigung kann von Hand mit Lauge und einer Bürste erfolgen oder automatisch mit einem CIP-System (Cleaning in Place). Eine automatische Reinigung (CIP) erfordert wiederum eine Vorbereitungszeit, in der die Maschine in den „Reinigungsstand" versetzt wird.
Einstellen	Die Maschine wird für die nächste Produktion eingestellt. Dabei werden die Basisparameter angepasst. So wird die Maschine zum Beispiel auf den gewünschten Druck und die gewünschte Temperatur gebracht.
Feineinstellung	Die Maschine wird in Betrieb genommen und bei laufendem Betrieb erfolgt die Feineinstellung. Der Maschinenbediener korrigiert die Einstellung der Maschine auf der Grundlage seiner Wahrnehmungen am Produkt. Beim Feineinstellen läuft die Maschine noch nicht mit Normgeschwindigkeit.

Von der Dauer dieser Aktivitäten kann ein Paretodiagramm erstellt und damit eine Reihenfolge für die weitere Vorgehensweise festgelegt werden.

> *Vergessen Sie nicht, zuerst den Grundzustand der Maschine wiederherzustellen.*

6.4 Die drei SMED-Phasen im Verbesserungszirkel anwenden

Auswertung des Videomaterials

Die Mitglieder des Kaizenteams analysieren die Videoaufzeichnung und die Registrierungsliste. Zuvor wurde entschieden, in welcher Reihenfolge die Elemente der Umstellung analysiert werden: Chronologisch oder nach der Reihenfolge des Paretodiagramms, also beginnend mit dem größten Element. Die Analyse beginnt mit dem Betrachten der gesamten Videoaufzeichnung.

Danach wird der Videoausschnitt über das erste Element, das bearbeitet wird, angesehen. Die Teilnehmer schreiben währenddessen alle Punkte auf, die ihnen auffallen oder für die sie Verbesserungsideen haben.

Es gibt zwei Möglichkeiten, SMED anzuwenden:

> **Horizontal**: Für alle Elemente wird zuerst Phase 1 durchlaufen, danach für alle Elemente Phase 2 und schließlich für alle Elemente Phase 3.
>
> **Vertikal**: Je Element werden alle drei SMED-Phasen hintereinander durchlaufen.

Bei kleinen, einfachen Umstellungen mit wenigen Elementen (weniger als zehn) kann horizontal gearbeitet werden. Für umfangreiche und komplexe Umstellungen ist die vertikale Vorgehensweise vorzuziehen.

Das SMED-System besteht aus 3 Phasen:

Phase 1: Einteilung in interne und externe Handlungen

Phase 2: Interne Handlungen in externe umwandeln

Phase 3: Verkürzung interner Handlungen und Verkürzung externer Handlungen

Diese Phasen bestehen jeweils aus einer Ursachenanalyse und der Erarbeitung von Lösungen. Für jede Phase von SMED werden im Verbesserungszirkel hintereinander Schritt 3 (Problem untersuchen) und Schritt 4 (Lösung erarbeiten) durchlaufen.

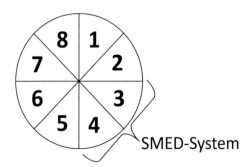

Abbildung 13: die SMED-Phasen im 8-stufigen Verbesserungszirkel

Für jede Phase von SMED in Schritt 3 (Problem untersuchen):

- das Video der Umstellung analysieren
- die Zeitregistrierung analysieren
- untersuchen, warum manche Handlungen jetzt so verrichtet werden

Für jede Phase von SMED in Schritt 4 (Lösungen erarbeiten):

- Brainstorming über die Möglichkeiten, Handlungen von intern in extern umzuwandeln oder eine Handlung überhaupt auszulassen

Phase 1: Einteilung in interne und externe Handlungen

Bestimmen Sie für jede Handlung, ob sie durchgeführt werden kann, wenn die Maschine (noch oder schon wieder) läuft, ohne dass dafür besondere Anpassungen der Maschine notwendig sind.

Praxissituation:

Beispiel: Suche nach extern möglichen Aktivitäten

Die Teammitglieder sehen sich das Video bis zum Ende an und jeder schreibt für sich für jedes Element die Aktivitäten auf, die extern erledigt werden können. Die Prozessbegleiterin leitet anschließend die Diskussion, um zu einer gemeinsamen Entscheidung darüber zu kommen, welche Aktivitäten ohne Weiteres auch extern möglich sind. Auf dem Video ist deutlich zu sehen, dass der Maschinenbediener, der die Umstellung durchführt, zuerst die Maschine herunterfährt und dann die Umbauteile holt. Außerdem liegen die neuen Leitungen, die an die Abfüllmaschine angeschlossen werden müssen, noch im Lager. Das Team entscheidet sich dafür, diese beiden Aktivitäten extern zu erledigen. Im Werkzeugkasten liegen einige Werkzeuge, die bei der Umstellung nicht benötigt werden oder an dieser Maschine eigentlich überhaupt nie verwendet werden. Einer der Maschinenbediener schlägt vor, erst einmal zu überlegen, welche Werkzeuge denn überhaupt gebraucht werden. Danach legt das Team einen fixen Platz für die benötigten Werkzeuge fest.

Die erste SMED-Phase ist darauf ausgerichtet, von jeder Handlung zu bestimmen, ob sie auch verrichtet werden könnte

Gewinn von Produktionszeit durch externe Handlungen

während die Maschine noch läuft oder während sie nach der Umstellung schon wieder hochgefahren wurde. Können diese Handlungen, die jetzt noch intern sind, auch extern erledigt werden? In vielen Fällen wird die Umstellung erst vorbereitet, wenn die Maschine bereits heruntergefahren ist und stillsteht. Erst dann werden etwa die benötigten Materialien und Werkzeuge geholt. Wenn ein Maschinenbediener während einer Umstellung im Lager nach den Umbauteilen sucht, ist das eine interne Handlung, denn die Maschine ist schon im Stillstand. Wenn diese Umbauteile noch bei laufendem Betrieb geholt und an der Maschine bereitgestellt werden, wird Produktionszeit gewonnen. Das gilt auch für das Aufräumen der Materialien und Werkzeuge, das ebenfalls erledigt werden kann, nachdem die Maschine wieder hochgefahren wurde. Manchmal kann sogar ein ganzes Element extern erledigt werden.

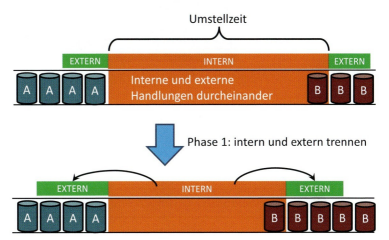

Abbildung 14: Phase 1 des SMED-Systems – zwischen internen und externen Handlungen unterscheiden

Beispiele:

- Ein Wagen mit Werkzeug und Ersatzteilen wird schon während des Betriebs bereitgestellt.
- Der Maschinenbediener wählt schon einmal die Einstellungen in der Software der Maschine für die nächste Produktionscharge.
- Die Verpackungsmaterialien, die noch von der vorigen Charge übrig sind, werden erst in das Lager gebracht,

nachdem die Maschine nach der Umstellung wieder hochgefahren wurde.
- Gewisse Teile werden vom Maschinenbediener gereinigt, wenn die Maschine schon wieder läuft.

Abbildung 15: Werkzeugwagen

Die Lösungen, die in der ersten Phase von SMED erarbeitet werden, kosten wenig oder gar kein Geld und sind einfach umzusetzen.

Viele SMED-Lösungen sind einfach und kosten wenig Geld.

Phase 2: Interne Handlungen in externe umwandeln

Bestimmen Sie von den übrig gebliebenen internen Handlungen, ob sie in externe umgewandelt werden können, wenn man die Maschine oder Teile davon entsprechend anpasst.

Praxissituation:

Beispiel: Handlungen von intern nach extern verlegen

Phase 1 ist abgeschlossen. Das Team führt jetzt eine Diskussion, wie möglichst viele der übrig gebliebenen internen Handlungen in externe umgewandelt werden können. In einem Brainstorming werden verschiedene Ideen geäußert, darunter auch sehr kreative

und scheinbar unrealistische. Die Prozessbegleiterin wacht darüber, dass die Teammitglieder einander ernst nehmen und maximalen Spielraum haben, um über den Tellerrand hinauszublicken.
Wenn das Brainstorming abgeschlossen ist, wählt das Team die Verbesserungsideen, die es für die besten hält. Das können etwa die Ideen sein, die am einfachsten umzusetzen sind, die den größten Zeitgewinn verschaffen oder die am kostengünstigsten sind.

In dieser Phase werden interne Handlungen angepasst, sodass sie extern erledigt werden können. Der Unterschied zu Phase 1 von SMED ist, dass diese Handlungen nicht ohne weiteres extern erledigt werden können, sondern nur mit Anpassungen an der Anlage.

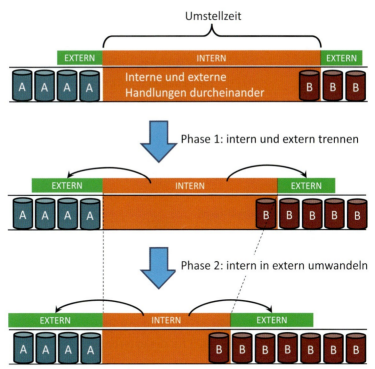

Abbildung 16: Phase 2 des SMED-Systems – interne Handlungen in externe umwandeln

Beispiele:

- *Beim Wechsel von Folienrollen für eine Verpackungsmaschine kann die neue Folienrolle zunächst auch auf einer zweiten Achse angebracht werden. Wenn die erste Foli-*

enrolle dann leer ist, wird mittels einer einfachen Lasche die zweite Rolle sofort eingesetzt, manchmal sogar ohne Produktionsstillstand.
- Ein Maschinenbediener weiß, wann eine Umstellung zu erwarten ist. Viele Maschinen haben die Möglichkeit, die neuen Prozesseinstellungen für die nächste Produktionscharge abzuspeichern und während der Umstellung zu aktivieren. Eine einfache Programmänderung in der Software der Maschine macht dies möglich.
- Gewisse Maschinenteile müssen manchmal aufgewärmt werden, bevor die Maschine anlaufen kann. Diese Aufwärmzeit kann extern verlaufen, indem man eine Möglichkeit schafft, Teile vorzuwärmen, bevor sie in die Maschine eingesetzt werden.
- Von einem Maschinenteil, das mit Klingen versehen ist, die immer wieder gewechselt werden müssen, wird ein Duplikat hergestellt. Darin werden bei laufendem Betrieb die neuen Klingen eingesetzt. Wenn die Maschine stillsteht, wird der ganze Block samt Klingen aus der Maschine genommen und durch das Duplikat ausgetauscht.

Kosten-Nutzen-Analyse erstellen

Die Kosten für Lösungen aus der zweiten SMED-Phase können höher sein. In Schritt 4 (Lösungen erarbeiten) erstellen die Teammitglieder eine Kosten-Nutzen-Analyse für die Verbesserungsvorschläge.

Phase 3: Verkürzung interner Handlungen und Verkürzung externer Handlungen

Alle übrig gebliebenen internen Handlungen werden daraufhin beurteilt, ob sie nicht in kürzerer Zeit erledigt werden können. Dasselbe gilt für die externen Handlungen.

Praxissituation:

Beispiel: Nicht voreilig zur Umsetzung schreiten

Die ersten zwei Phasen wurden für alle Elemente durchlaufen. Das Team erwartet, dass die Umstellzeit mit einer Umsetzung der nun erarbeiteten Lösungen halbiert werden kann. Das Team ist äußerst motiviert und möchte einige Verbesserungsvorschläge schon jetzt umsetzen. Die Durchführung ist einfach und könnte sofort ein sichtbares Ergebnis bringen. Die Prozessbegleiterin hat Erfahrung mit SMED und überzeugt das Team, dass es besser ist, erst noch Phase 3 zu durchlaufen. Ihre Erfahrung ist, dass manche Verbesserungsvorschläge aus den Phasen 1 und 2 aufgrund der Erkenntnisse aus Phase 3 noch einmal angepasst werden. Es wäre schade, wenn Anpassungen an der Maschine dann vergeblich oder sogar falsch vorgenommen wurden.

Manche Handlungen können nicht extern verrichtet werden. Es gibt auch einige Handlungen, die nun extern erfolgen, die den Maschinenbediener aber immer noch Zeit kosten. In Phase 3 wird darüber nachgedacht, wie die übrig gebliebenen internen Handlungen, aber auch die externen Handlungen, in kürzerer Zeit durchgeführt werden können.

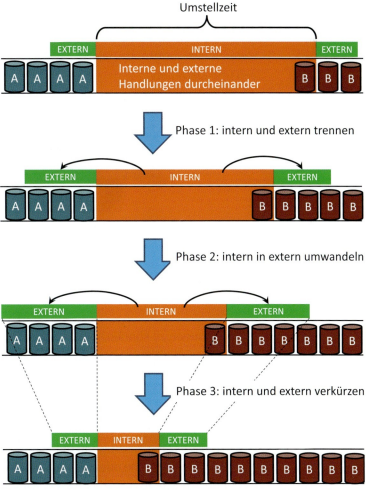

Abbildung 17: Phase 3 des SMED-Systems – interne und externe Handlungen verkürzen

Verschiedene Techniken können beim Verkürzen der internen und externen Handlungen helfen, zum Beispiel:

Innovative Befestigungslösungen

Maschinenbauer verwenden noch viel zu oft Schrauben und Muttern als Befestigungsmittel für Maschinen. Es ist sehr aufwändig, Maschinenteile zu entfernen, bei denen viele Muttern gelöst werden müssen. Das lange Gewinde der Schrauben und die große Anzahl kosten unnötig viel Zeit durch das Herumschrauben. Für Schrauben als Befestigungsmittel gilt, dass erst der letzte Dreh mit dem Gabelschlüssel die Befestigung herstellt. Der erste Gedanke, der bei SMED-Teams aufkommt, ist der Ersatz der Steckschlüssel durch elektrisches Werkzeug. Aber das ist eine schwache Alternative, denn das Anziehen bleibt dabei immer noch notwendig. Stärkere Alternativen finden sich im Einsatz anderer Befestigungsmittel wie Selbstspannern, Schnellverschlüssen und Klemmen.

Abbildung 18: Schnellspanner oder Easy Fastener (Foto: Lenzkes)

Art der Befestigung hinterfragen

Um bestimmen zu können, welche Befestigungsmittel für eine bestimmte Situation am besten sind, ist es wichtig, diese Situation gut kennen zu lernen. Warum ist hier eine Befestigung angebracht? Welche Kräfte wirken auf sie? Was wäre, wenn es diese Befestigung nicht gäbe? Wie straff muss die Befestigung sein und ist dabei viel Präzision gefragt? Darauf folgt dann die Frage: Muss es eine Befestigung mit Schrauben sein oder kann man auch eine Klemme oder Magnete verwenden? Und wenn es unbedingt Schrauben sein müssen, warum dann so viele? Können bei gleicher Sicherheit auch weniger Schrauben verwendet werden? Es ist essenziell, sich vor Augen zu halten, welche Kräfte dabei wirken und in welcher Richtung, um zu beurteilen, ob Schrauben für die Befestigung von Maschinenteilen notwendig sind.

Den Einsatz von SMED vermeiden

Eine Umstellzeit mithilfe von SMED zu verkürzen, birgt durchaus auch selbst Verluste. Eine der in Kapitel 1 besprochenen Verluste ist die Nacharbeit. Vor allem bei den technischen Lösungen, die sich aus der SMED-Analyse ergeben, kommt regelmäßig der Gedanke auf:

Warum hat das der Maschinenbauer nicht schon beim Entwurf bedacht?

Gute Frage! Offenbar gibt es noch immer Maschinenbauer, die ihre Maschinen nach dem Prinzip gestalten, dass sie zum Produzieren da sind und nicht, um umgestellt oder gereinigt zu werden. Ein naiver Gedanke mit lästigen Folgen. Es werden weiterhin Maschinen entworfen, die leicht verschmutzen und gleichzeitig schwer zu reinigen sind. Oder es sind doch wieder Schrauben und Muttern darin verarbeitet, die bei einer Umstellung gelöst und wieder angezogen werden müssen.

Betriebe, die diese Maschinen anschaffen, sind für diese Situation mitverantwortlich, weil sie bei der Neuanschaffung einer Maschine kaum darauf achten, ob diese schnell umgebaut und gereinigt werden kann. Es geht doch nicht nur um den Anschaffungspreis und die Produktionsgeschwindigkeit einer Maschine! Es wäre klug, den Lieferanten einer Maschine zu fragen, wie lange eine Umstellung und die Reinigung dauert und es ihn auch in der Praxis vorführen zu lassen. Dass die Maschine produzieren kann, ist wohl anzunehmen, aber kann sie auch schnell gereinigt und umgestellt werden?

Maschinenbauer müssten die SMED-Prinzipien schon beim Entwurf neuer Maschinen anwenden.

6.5 Schritt 4 – Lösungen erarbeiten

Wenn für alle Elemente die drei Phasen von SMED durchlaufen sind, gibt es eine ganze Palette verschiedener Lösungen. Je nachdem, wie realisierbar die Lösungen sind und wie einfach sie eingeführt werden können, entscheidet sich das Team für bestimmte Ideen.

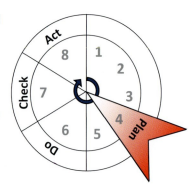

Die Teammitglieder arbeiten die gewählten Verbesserungsideen zu so genannten „Verbesserungsvorschlägen" aus. Ein Verbesserungsvorschlag umfasst eine A4-Seite, auf der die derzeitige Situation und die gewünschte Situation beschrieben werden. Diese Verbesserungsvorschläge hängen am Ende des Durchlaufs auf einem Brett in der Nähe der Maschine.

Praxissituation:

Beispiel: Verbesserungsvorschläge werden erarbeitet

Der Produktionsleiter von MasterPack GmbH hat sich für ein Kaizen-Event entschieden, damit das Team fünf aufeinander folgende Tage zur Verfügung hat. Als Auftraggeber des Teams bekommt er am Ende jedes Tages eine kurze Präsentation über den Arbeitsfortschritt. In dieser Präsentation werden die Verbesserungsvorschläge besprochen. Das Team erzählt begeistert von dem Prozess und der Methode. Für den Mechaniker war es eine harte Woche, weil er es nicht gewohnt ist, den ganzen Tag auf diese Art zu arbeiten. Aber er findet es sehr lehrreich und glaubt, dass es eine gute Möglichkeit ist, mit der Produktion zusammenzuarbeiten.

Brainstorming

Kreativität ist gefragt

Ein Prozessbegleiter möchte, dass sich die Kreativität der Teammitglieder so stark wie möglich in den Lösungen niederschlägt. Dabei ist es wichtig, dass in der kreativen Phase des Erarbeitens von Lösungen möglichst viele Ideen genannt werden, auch die scheinbar unrealistischen. Ein Brainstorming ist eine gute Methode, um die Kreativität anzuregen.

> Achten Sie darauf, dass ein Brainstorming geordnet verläuft.

Es geht beim Brainstormen um folgende Prinzipien:

- Alle Ideen sind wertvoll; je mehr, desto besser.
- Die Teilnehmer sollten ihren Gedanken völlig freien Lauf lassen.
- Es geht beim Brainstormen um die Quantität der Ideen.
- Kombinationen und Ergänzungen von Ideen sind ausdrücklich erwünscht.
- Lassen Sie den Ideen freien Lauf, bevor die Evaluation beginnt.
- Kritik ist verboten.
- Das Diskutieren während des Brainstormens ist verboten.

Strukturiertes Brainstorming

Um zu vermeiden, dass alle durcheinander reden, können Sie eine strukturierte Variante wählen. Dabei sorgt der Prozessbegleiter dafür, dass alle Teilnehmer immer abwechselnd zu Wort kommen. Schreiben Sie deutlich in einem Satz auf eine Tafel oder ein Flipchart, worum es im Brainstorming geht. Was wollen Sie von den Teilnehmern hören? Fragen Sie anschließend die Teilnehmer einzeln nach ihren Ideen. Wenn ein Teilnehmer an der Reihe ist, darf er eine Idee vorbringen, woraufhin der nächste mit seiner Idee an die Reihe kommt. Wenn der Teilnehmer im Moment nichts zu sagen hat, gibt er das Wort an den nächsten weiter.

Nicht zu schnell beenden!

In diesen Runden werden Sie sehen, dass die meisten Ideen am Anfang kommen. Meist sind das jene Verbesserungsideen, die auf der Hand liegen. Beenden Sie die Runde nicht zu schnell, wenn Sie merken, dass viele Teilnehmer passen. Legen Sie lieber eine Pause ein und nehmen Sie anschließend die ganze Umstellung noch einmal durch. Danach beginnen Sie wieder mit der Befragung aller Teilnehmer nach Lösungen.

Prozessbegleiter sind manchmal verblüfft über die Kreativität der Teammitglieder und die pfiffigen Lösungen, die ihnen einfallen. Beispiele für Lösungskategorien sind:

Funktionen standardisieren

Umstellungen umfassen fast immer das klassische Einstellen und Einlaufenlassen. Die Maschine wird grob eingestellt und beim Einlaufen wird die Feineinstellung vorgenommen. Offenbar gibt es keinen Standard, durch den die Einstellung auf Anhieb korrekt ist. Bei der Ausbildung eines neuen Maschinenbedieners ist es schwer, diese Feineinstellung in den Griff zu bekommen. Das Fingerspitzengefühl, von dem erfahrene Maschinenbediener dann sprechen, ist im Endeffekt nichts anderes als mangelnde Standardisierung.

„Fingerspitzengefühl" ist mangelnde Standardisierung

- Die Positionseinstellung von Fotozellen erfordert große Genauigkeit. Wenn eine Fotozelle bei einer Umstellung verschoben werden muss, kann die richtige Position standardisiert werden, indem man an der Installation Linien anbringt. Noch besser: Wenn zum Beispiel drei verschiedene Positionen möglich sind, kann an diesen drei Positionen ein Loch gebohrt werden. Unter der Fotozelle wird ein Zapfen montiert, der genau in die Löcher passt. Die Feineinstellung ist nicht mehr notwendig, da es jetzt drei Standardpositionen gibt.
- Beim Montieren sollten möglichst wenige unterschiedliche Werkzeuge verwendet werden. Alle Schrauben bekommen denselben Kopf, damit sie mit einem Schlüssel angezogen werden können.
- Maschinenteile, die verschoben werden müssen, können mit einem Maßband versehen werden. Die ideale Stellung kann am Maßband abgelesen und auf einer Liste notiert werden. So entsteht eine Liste der idealen Abstände.

Idealer Umstellmechanismus erfordert keine Aufmerksamkeit

Diese Beispiele sind gut, aber nicht ideal. Der ideale Umstellmechanismus ist der, der keinerlei Aufmerksamkeit erfordert und bei dem keine Handlung verrichtet, nichts aufgeschrieben und nichts gelesen werden muss.

> **Minimieren Sie die Anzahl der beweglichen Teile und Einstellungsmöglichkeiten. Das verkürzt die Umstellzeit.**

Visualisieren

Wenn Sie in einem Supermarkt stehen und nach dem Joghurt suchen, dann sind der Weg zu diesem Produkt und der Standort des Produktes so logisch gewählt, dass Sie es innerhalb von 30 Sekunden finden sollten. Große Displays, eine Ordnung nach dem Verzehrzeitpunkt (Frühstück, Mittagessen, Abendessen, etc.) oder nach Produktgruppen (Milchprodukte, Gemüse, Gebäck,…) und unterschiedliche Farben helfen dem Kunden, schnell das gewünschte Produkt zu finden. Dasselbe gilt für Ihre Abteilungen und Lagerräume. Lagern Sie Material auf eine logische Weise und verwenden Sie Farben, Linien und Displays, um die Suche zu vereinfachen. Gestalten Sie den Arbeitsplatz visuell, damit alle Benutzer das Benötigte auf einen Blick sehen, nehmen und zurücklegen können. Ein visueller Arbeitsplatz ist ein sich selbst ordnender, erklärender, regulierender und verbessernder Arbeitsplatz. Auf diesem Arbeitsplatz tut jeder immer genau das, was er tun soll – und das immer zum richtigen Zeitpunkt.

Beispiele für Visualisierung am Arbeitsplatz:

Die Dinge sichtbar machen, Ordnung unterstützen

- **Schränke und Regale visualisieren**. Vereinfachen Sie das Suchen in Schränken und Regalen, die neu eingerichtet wurden, indem Sie Schilder an den Brettern anbringen und Behälter in verschiedenen Farben verwenden.
- **Ein folienverschweißtes Foto vom Inhalt** auf den Boden von Regalbrettern oder Behältern kleben – so wird auf einen Blick deutlich, was hier liegen muss.
- **Linien und Felder am Boden** verdeutlichen, wo der feste Platz für Mülleimer, Schrubbmaschine oder für die Palette mit dem Verpackungsmaterial ist. Geben Sie auch die Gehwege der Mitarbeiter mit Linien und Feldern vor, um Unfälle mit Gabelstaplern zu vermeiden. Verwenden Sie zunächst leicht zu entfernendes Linienmaterial, damit später noch Änderungen möglich sind.
- **Arbeiten Sie mit Farben**. Oft wird zu diesem Zweck ein Umstellwagen eingerichtet, auf dem alle Wechselteile und Werkzeuge hängen und der zum Umstellzeitpunkt bei der Maschine steht. Manche Maschinen haben für jede Umstellung ein anderes Set Wechselteile. Verwen-

den Sie verschiedene Farben für verschiedene Wechselteile, damit sofort klar ist, welche Teile bei welcher Umstellung benötigt werden.
- **Schattenbretter** sind Bretter, auf denen Werkzeug hängt, dessen Umrisse auf dem Brett abgebildet sind, damit sofort sichtbar wird, wenn ein Teil fehlt.

Abbildung 19: Schattenbrett

Wirkungsvolles Visualisieren ist nur dann möglich, wenn Sie den Prozess verstehen!

Werkzeug zentral oder dezentral lagern

Es erscheint auf den ersten Blick praktisch, ein zentrales, schön visualisiertes Schattenbrett für alle Werkzeuge der Fertigungsstraße aufzustellen. Tatsächlich kann das aber oft ungünstig sein, weil die Benutzer dadurch wieder viel laufen müssen, um Werkzeug vom Brett zu nehmen und wieder zurückzulegen. Die sechste Verlustart heißt Transport. Wahrscheinlich wurde das Schattenbrett erfunden, um Werkzeug möglichst praktisch zu lagern, indem es gruppiert an einem zentralen Platz hängt. Zum Beseitigen von Verlusten kann es jedoch vernünftiger sein, Werkzeug dort zu lagern, wo es verwendet wird. Wenn an ein und derselben Stelle jeden Tag 10 M8-Muttern gelöst und wieder angezogen werden müssen, dann sollte das dafür benötigte Werkzeug in Griffnähe von diesen Muttern hängen. Es kann

Lange Wege zum Werkzeug vermeiden

schon sein, dass dann mehr Werkzeug desselben Typs benötigt wird, aber oft übersteigt der Nutzen die Kosten.

Der Idealzustand: Gar kein Werkzeug

Das Führen eines Schattenbrettes kann manchmal viel Arbeit verursachen. Man sieht zwar auf einen Blick, welches Werkzeug fehlt, weiß aber deshalb noch nicht, wo es liegt. Die ultimative Alternative für das Schattenbrett ist es, Werkzeuge überflüssig zu machen. Auf Werkzeuge kann verzichtet werden, indem man alternative Befestigungsmittel verwendet, etwa Schnellverschlüsse statt Schrauben und Muttern. Eine andere Variante ist das Befestigen des Werkzeugs am Befestigungsmaterial.

Vermeiden Sie den Gebrauch von Schrauben und Muttern.

Automatisches Umstellen

Umstellungen sind ein Zusammenspiel von automatischen (computer- oder maschinengesteuerten) Handlungen und von Hand verrichteten Handlungen. Durch Mechanisierung kann die Umstellung völlig automatisiert werden. Mechanisierung ist nur sinnvoll, wenn alle anderen Möglichkeiten einer Verkürzung der Umstellzeit ausgeschöpft sind. Die Mechanisierung einer schlechten Methode bringt nicht viel. Außerdem sind automatische Umstellsysteme teuer.

Die Mechanisierung ist Schritt 8 des Verbesserungszirkels. Die intelligenteste erarbeitete Umstellmethode wird standardisiert.

Lösungen auswählen

Bei der Auswahl möglicher Lösungen wendet das Team vorab festgelegte Kriterien an – das sind meistens die Rahmenbedingungen aus dem Auftragsbrief. Andere mögliche Kriterien bei der Auswahl der besten Lösungen sind:

- Welche Lösungen tragen am meisten zum Erreichen der Zielsetzung bei?
- Das Team muss die Lösungen selbst einführen können.

- Die Qualität des Endprodukts der jeweiligen Fertigungsstraße muss gleich bleiben oder besser werden.
- Die Lösungen müssen den in der Industrie geltenden Gesetzen und Vorschriften entsprechen.
- Die Lösungen müssen leicht zu realisieren sein.

Aufwand-Nutzen-Matrix

Eine einfache Art, mit dem Team die potenziellen Lösungen gegeneinander abzuwägen, ist das Arbeiten mit der Aufwand-Nutzen-Matrix. Mit dieser Matrix nimmt die Gruppe eine Einstufung aller Lösungen aus dem Brainstorming anhand von zwei Variablen vor:

- Einfachheit der Einführung (Aufwand)
- positiver Effekt der Lösung auf die Erreichung der Zielsetzung (Nutzen)

Lösungsmöglichkeiten bewerten

Alle Lösungen aus dem Brainstorming werden nacheinander auf Klebezettel (Haftnotizen) notiert. Pro Klebezettel bestimmt die Gruppe, ob die beschriebene Lösung einfach zu realisieren ist oder nicht. Anschließend denkt die Gruppe darüber nach, ob der positive Effekt der Lösung auf die Erreichung der Zielsetzung

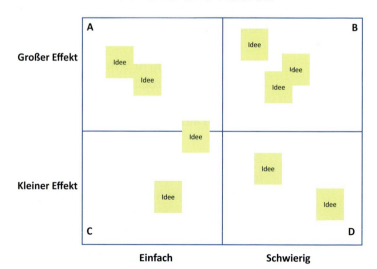

Abbildung 20: Aufwand-Nutzen-Matrix

groß oder klein ist. Die Haftnotiz wird in den Quadranten geklebt, der die Lösung am besten beschreibt. Die Lösungen aus Quadrant A werden ohne weitere Diskussion umgesetzt, jene der Quadranten B und C sind noch zu diskutieren und jene von Quadrant D scheiden aus.

Lösungen zu Verbesserungsvorschlägen ausarbeiten

Effekt anhand einer Hypothese erproben

Lösungen, die das Team gefunden hat, sind in dieser Phase nicht mehr als mögliche Lösungen. Sie sind auf der Grundlage des Wissens und der Erfahrung der Teammitglieder entstanden. Wenn für eine Lösung eine Investition erforderlich ist, muss die Lösung auf jeden Fall den gewünschten Effekt bringen, und zwar ohne unangenehme Nebenwirkungen. Um sich mehr Sicherheit über den Effekt einer Lösung zu verschaffen, kann das Team eine Hypothese erstellen. In einer Hypothese hält das Team detailliert seine Erwartungen über den Effekt der Lösung fest. Am besten ist es, wenn das Team den Effekt der Lösung in der Praxis erproben kann.

Die ausgewählten Lösungen werden nicht sofort umgesetzt, sondern erst in Schritt 6 des Verbesserungszirkels, wenn die Analyse für alle Elemente abgeschlossen ist. Während des Durchlaufens der drei SMED-Phasen wird man mit den Lösungen auch immer vertrauter. Lösungen aus Phase 1 von SMED können in Phase 3 anders aussehen oder sogar überflüssig werden. Aus Phase 1 kann zum Beispiel die Lösung kommen, die Schablonen einer Presse für das neue Produkt schon aufgewärmt bereitzulegen, während die Maschine noch läuft. In Phase 3 kann das Kaizenteam auf die Idee kommen, dass gar nicht die ganze Schablone ausgetauscht werden muss, sondern nur ein kleiner Teil der Schablone.

Die Teammitglieder halten die gewählten Lösungen in so genannten Verbesserungsvorschlägen fest (Anlage B). Ein Verbesserungsvorschlag wird auf einer A4-Seite erfasst, auf der links die aktuelle und rechts die gewünschte Situation beschrieben ist.

Achten Sie darauf, dass sich alle Teammitglieder mit den gewählten Lösungen identifizieren können.

Logische Reihenfolge der Handlungen

Wenn alle Lösungen feststehen, kommt der Moment, wo die übrig gebliebenen internen und externen Handlungen in eine möglichst logische Reihenfolge gebracht werden müssen. Die logische Reihenfolge für die Umstellung kann in der Theorie schon erarbeitet werden, auch wenn die Verbesserungsvorschläge noch nicht umgesetzt sind. Aber es bleibt Theorie. Die Verbesserungsvorschläge müssen noch praktisch erprobt werden. Es ist sinnvoll, die logische Reihenfolge der Handlungen erst zu erstellen, wenn alle Verbesserungsvorschläge schon umgesetzt sind. Durch die Gesamtheit aller Handlungen wird die tatsächliche Zeit bestimmt. Aufgrund der tatsächlichen Zeiten können dann die Aktivitäten in eine logische Reihenfolge gebracht werden. Diese Anordnung findet in Schritt 8 des Verbesserungszirkels statt, wo es um Standardisierung und Gewährleistung des Ergebnisses geht.

Parallele Handlungen

Kürzere Stillstandszeit durch parallele Handlungen

Wenn Handlungen von zwei Personen verrichtet werden, wo vorher nur ein Werker beschäftigt war, kann Umstellzeit gewonnen werden. Die Gesamtzeit der Handlungen wird dabei nicht kürzer, sehr wohl aber die Stillstandszeit der Maschine. Bei der parallelen Durchführung von Handlungen dürfen keine unsicheren Situationen und Wartezeiten entstehen. Es müssen Absprachen stattfinden und Sicherheiten eingebaut werden, damit keine Unfälle passieren können, weil etwa der eine Werker die Maschine startet, während der andere noch mit der Umstellung beschäftigt ist. Es muss auch gewährleistet sein, dass die zweite Person immer verfügbar ist, sobald die Umstellung anfängt.

Manche Umstellungen und Reinigungszeiten enthalten Handlungen, die per Computer gesteuert werden. Während diese automatischen Handlungen durchgeführt werden, kann der Werker manuelle Handlungen verrichten.

Layout zur Diskussion stellen

In einer guten SMED-Analyse kann sogar das Layout der Fertigungsstraße oder des Raums, in dem diese steht, zur Diskussion gestellt werden. Es könnten zum Beispiel Distanzen zur Sprache kommen, die häufig zu Fuß zurückgelegt werden müssen. Dabei geht es nicht nur um den Standort eines Schranks oder eines Werkzeugbrettes, sondern beispielsweise auch um unpraktische Positionen von Maschinenschaltbrettern: Oft müssen Produktionsmitarbeiter ständig einige Schritte zwischen dem Ort der Umstellung und dem Schaltbrett hin und her gehen. Eine Verbesserungsidee kann sein, die Straße U-förmig anzuordnen, mit dem Werker in der Mitte. So werden die Entfernungen kleiner und es kann schneller umgestellt werden. Ein zusätzlicher Vorteil ist, dass auch bei unerwarteten Problemen wie Störungen oder Kurzstopps schneller eingegriffen werden kann.

Ein Spaghetti-Diagramm ist ein praktisches Instrument, um die von Mitarbeitern zurückgelegten Distanzen (etwa für Produktwechsel) visuell darzustellen. Zeichnen Sie einen Plan von der Maschine und der Umgebung und markieren Sie mit einem Stift den Weg, den ein Mitarbeiter zurücklegt.

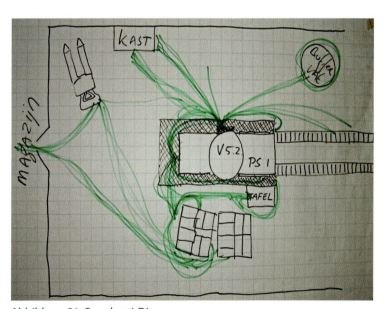

Abbildung 21: Spaghetti-Diagramm

Setzen Sie Lösungen erst dann in der Praxis um, wenn für alle Elemente die drei SMED-Phasen durchlaufen wurden.

Möglichkeiten zur Verkürzung von Wegzeiten:

- Die übrig gebliebenen Handlungen werden an dem Ort bei der Maschine zusammengefasst, wo sie stattfinden.
- Werkzeuge und Materialien werden nahe beim Arbeitsplatz gelagert.
- Ein Umbauwagen wird mit allen benötigten Materialien ausgerüstet. Dadurch muss der Maschinenbediener nicht immer zu einem zentralen Ort laufen, sondern er nimmt einfach den ganzen Wagen mit zu den verschiedenen Orten, wo er die Materialien benötigt.

Rumpelkammer oder Supermarkt

Die Qualität der Umgebung sagt etwas über die Qualität der Arbeit und der Arbeitsprozesse aus. Ein gut organisierter Arbeits-

Abbildung 22: Umbauteile im Schrank – Rumpelkammer oder Supermarkt?

Abbildung 23: Lagerplatz für Umbauteile?

platz wirkt sich positiv auf die Qualität der Arbeit aus. Es passieren weniger Unfälle, weniger Fehler und es geht weniger Zeit mit Suchen und Warten verloren.

Such- und Wartezeiten entstehen etwa durch das Herumliegen von nicht benötigtem Material, durch Gegenstände ohne festen Platz und durch das Fehlen einer Standardarbeitsweise. Dadurch werden Abweichungen im Arbeitsprozess gar nicht oder erst zu spät sichtbar und es wird Zeit mit der Suche nach dem richtigen Werkzeug, Teil oder Dokument verschwendet.

Ziel:
Finden statt
Suchen!

Arbeitsplätze können wie eine Rumpelkammer oder wie ein Supermarkt eingerichtet sein. Rumpelkammern sind geschlossene Räume, in denen nur der Eigentümer findet, was er sucht (zumindest glaubt er das). Supermärkte sind für alle Beteiligten zugänglich und es wird mit einer logischen Einteilung dafür gesorgt, dass jeder selbst finden kann, wonach er sucht.

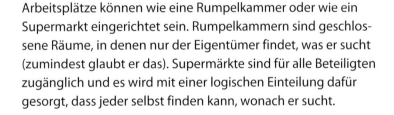

Eine gute Umstellung ist wie ein Boxenstopp in einem Formel-1-Rennen: Alles und jeder hat seinen festen Platz.

Merkmale eines organisierten Arbeitsplatzes sind:

- Es liegt nichts Überflüssiges herum.
- Er ist tadellos sauber und aufgeräumt.
- Der in der Arbeit nötige Papierkrieg ist minimal und einfach.
- Gegenstände oder Informationen können in maximal 30 Sekunden gefunden werden.

- Gegenstände oder Informationen können in maximal 30 Sekunden am richtigen Ort verstaut werden.
- Es ist eindeutig festgelegt, welche Arbeitsweise Standard ist.
- Der Arbeitsplatz ist so übersichtlich, dass Abweichungen sofort auffallen.

Das Ziel von 5S ist der **ideale Arbeitsplatz**, an dem ...

> ... keine Unfälle passieren – ein sicherer Arbeitsplatz, auf dem man nicht ausrutscht, stolpert oder sich die Finger einklemmt.
> ... keine Arbeitskräfte wegen Krankheit ausfallen – weil die Arbeitsumgebung angenehm ist und man dort gerne und sicher arbeitet.
> ... keine Fehler gemacht werden – weil die Arbeiten standardisiert sind.
> ... es keine Verluste gibt – Fertigungsstraßen laufen ununterbrochen mit maximaler Geschwindigkeit und ohne Qualitätsverluste.

5S ist eine Methode, um nach dem idealen Arbeitsplatz zu streben. Das ist ein Arbeitsplatz, an dem man effizient arbeitet, keine Fehler macht, der übersichtlich ist und wenig krankheitsbedingte Ausfälle von Arbeitskräften verursacht, der aber trotzdem nicht langweilig oder steril erscheint. Kurzum: Ein Arbeitsplatz, an dem gerne gearbeitet wird.

5S macht Abweichungen sichtbar

5S ist eine gute Methode, um den Arbeitsplatz so zu organisieren, dass sich eine positive Wirkung auf das Verhalten der Benutzer des Arbeitsplatzes ergibt. 5S wurde in Japan im Rahmen des Toyota-Produktions-Systems entwickelt. Die Vorgehensweise ebnet den Weg zu einem freundlichen und anregenden Arbeitsplatz, an dem Abweichungen sofort sichtbar werden.

Der Name 5S ist ein Hinweis auf die fünf Phasen des Programms, deren Bezeichnungen im Deutschen (und im Japanischen) alle mit einem S anfangen. Diese fünf Phasen sind:

S 1: **S**ortieren
S 2: **S**ystematisieren

S 3: **S**äubern = Inspizieren
S 4: **S**tandardisieren
S 5: **S**elbstdisziplin

Die einzelnen Phasen können wie folgt zusammengefasst werden:

S 1: Sortieren

Was ist überflüssig?

Unterscheiden Sie zwischen Gegenständen, Werkzeugen, Dokumenten usw., die notwendig sind und solchen, die überflüssig sind. Entfernen Sie alles Überflüssige vom Arbeitsplatz.

S 2: Systematisieren

Dingen einen festen Platz zuordnen

Alle Materialien, die Phase 1 überlebt haben, erhalten einen festen Platz, der visuell gekennzeichnet ist. So kann jeder Benutzer das von ihm Benötigte sofort sehen, nehmen und nach Gebrauch wieder zurücklegen.

S 3: Säubern = Inspizieren

Säubern bringt Abweichungen ans Licht

Säubern ist wichtig, um den Arbeitsplatz gut aussehen zu lassen (zum Beispiel für Kunden). Im Sinne von 5S hat Säubern und Aufräumen außerdem den Zweck, dass bei diesen Arbeiten unterschiedlichste Abweichungen, die ans Licht kommen, behoben werden können.

> *Das vierte und fünfte S haben den Zweck, die ersten drei S aufrechtzuerhalten und den Prozess besser zu kontrollieren.*

S 4: Standardisieren

Standards schaffen Sicherheit

Standardisieren bedeutet, den Prozess unter Kontrolle zu behalten, indem alle Arbeiten nach einer fixen Vereinbarung erledigt werden. Die Arbeiten werden nur auf eine bestimmte Art erledigt, nämlich nach dem Standard. Das gilt auch für Schritte wie Aufräumen und Sauberhalten. Mehr zum Thema Standardisierung und Gewährleistung des Ergebnisses in Kapitel 7.3.

S 5: Selbstdisziplin

Rahmenbedingungen für Disziplin schaffen

Das Ergebnis, das mit den ersten 4 S erzielt wurde, muss aufrechterhalten werden. Das ist eine Sache der Disziplin. Jedoch müssen auch die besten Bedingungen geschaffen werden, um die Aufrechterhaltung so einfach wie möglich zu machen.

SMED nutzt die Prinzipien von 5S. Betriebe wählen die Taktik, zuerst 5S an der Maschine und an dem Arbeitsplatz rundherum anzuwenden. Wenn der Arbeitsplatz dann auf hohem Niveau organisiert ist, kann SMED zum Beispiel auf eine Umstellung angewandt werden. SMED in einem unübersichtlichen Prozess und in einer chaotischen Umgebung anzuwenden, kann zu Enttäuschungen führen oder hat nur geringe Wirkung. Das Erhalten des Ergebnisses erweist sich dann als sehr schwer. Siehe dazu auch Seite 50 (Wiederherstellen des Grundzustandes).

Detailliert beschrieben und dargestellt wird die Methode 5S in dem Buch „5S – Die Erfolgsmethode zur Arbeitsplatzorganisation" von Bert Teeuwen und Christoph Schaller.

6.6 Schritt 5 – Maßnahmenplan erstellen

Praxissituation:

Für alle Elemente der Umstellzeit wurden die drei SMED-Phasen durchlaufen. Es liegt nun eine Reihe von Verbesserungsvorschlägen bereit. Von jedem Verbesserungsvorschlag hat das Team die Kosten und den Nutzen bestimmt. Die Gesamtsumme der Kosten darf nicht höher sein als der in den Rahmenbedingungen des Auftragsbriefes genannte Betrag. Das Team streicht deshalb zwei Verbesserungsvorschläge, die zu teuer sind. Es schätzt, dass die Zielsetzung mit der Umsetzung der verbleibenden Verbesserungsvorschläge leicht erreicht werden kann.

Beispiel: Geeignete Verbesserungsvorschläge auswählen

Alle Verbesserungsvorschläge werden in den Maßnahmenplan übernommen, der dem Auftraggeber präsentiert wird. Nachdem der Auftraggeber der Umsetzung dieser Vorschläge zugestimmt hat, bittet die Prozessbegleiterin um die Unterstützung des Auftraggebers bei der Umsetzung. Der Auftraggeber bekräftigt, dass er für die ausreichende Unterstützung durch das Management einsteht.

Maßnahmenplan wird erstellt

Das Kaizenteam erstellt eine Liste aller zur Beschleunigung der Umstellung erforderlichen Maßnahmen. Wer ist für die Umsetzung welcher Maßnahme verantwortlich? Wird Geld oder Material benötigt? Wann muss man fertig sein? Technische Anpassungen, die von Dritten vorgenommen werden, erfordern eine detaillierte Beschreibung. Eine Skizze von der gewünschten Situation kann hier hilfreich sein. In diese Liste – den Maßnahmenplan – wird auch eine Planung aufgenommen, wann alle Maßnahmen abgeschlossen sein müssen und wann die neue Umstellmethode endgültig angewandt wird. Manchmal kann es nützlich sein, wenn das Kaizenteam die neue Umstellmethode den Kollegen an der Maschine vorzeigt oder ihnen im ersten Monat bei jeder Umstellung assistiert. Auch ein Instruktionsvideo über die neue Methode ist eine gute Idee.

Gute Idee: Instruktionsvideo über neue Methode

Bevor der Maßnahmenplan umgesetzt wird, präsentiert das Team die Ergebnisse und den Maßnahmenplan dem Auftraggeber. Bei dieser Gelegenheit erteilt der Auftraggeber die formelle Genehmigung für die Umsetzung des Maßnahmenplans. Der Auftraggeber prüft bei der Zwischenpräsentation, ob das Team die Lösungen gut begründen kann und ob alle Maßnahmen den Rahmenbedingungen des Auftragsbriefs entsprechen.

7 SMED im Verbesserungszirkel: Lösungen umsetzen und standardisieren

7.1 Schritt 6 – Maßnahmenplan umsetzen

Praxissituation:

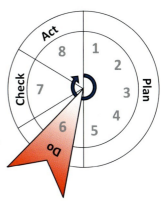

Die Prozessbegleiterin arbeitet lange genug bei MasterPack GmbH, um zu wissen, dass Projekte auch in der Umsetzungsphase noch versanden können. Besonders die Umsetzung technischer Lösungen kann lange auf sich warten lassen. Der technische Dienst ist ja schon jetzt überlastet. Der Auftraggeber besteht aber darauf, dass dieses Projekt innerhalb der gesetzten Frist mit Erfolg abgeschlossen wird. Er sorgt dafür, dass die Verbesserungsvorschläge vom technischen Dienst mit Priorität behandelt werden. Zusammen mit der Prozessbegleiterin setzt er sich dafür ein, dass das SMED-Kaizen von allen Beteiligten gewürdigt wird, damit die Verbesserungsvorschläge genug Beachtung finden und mit Energie umgesetzt werden. Die Prozessbegleiterin achtet darauf, dass sie über die Maßnahmen auf dem Laufenden bleibt.

Beispiel: Umsetzung der Maßnahmen vorantreiben

Maßnahmenplan umsetzen

In diesem Schritt werden alle Verbesserungsvorschläge aus dem Maßnahmenplan umgesetzt. Anhand der Planung kann der Fortschritt evaluiert werden.

Jedes Teammitglied kontrolliert, ob seine Maßnahmen aus dem Maßnahmenplan korrekt umgesetzt werden. Außerdem achtet jeder darauf, ob die Veränderungen erwartungsgemäß funktionieren. Das Kaizenteam arbeitet oft selbst sehr hart, kann aber auch eine koordinierende Rolle bei der Einführung der Lösungen spielen.

Funktionieren die Veränderungen?

Die Teammitglieder informieren den Prozessbegleiter über den Fortschritt ihrer Maßnahmen. Der Prozessbegleiter verfolgt die Planung und nimmt nötigenfalls Korrekturen vor. Er hält die Teammitglieder über den Fortschritt auf dem Laufenden. Daneben informiert der Prozessbegleiter den Auftraggeber regelmäßig über den Fortschritt bei der Umsetzung des Maßnahmenplans.

Die restlichen Mitarbeiter der Organisation bringen sich dort ein, wo es von ihnen laut Maßnahmenplan erwartet wird. Sie treffen mit dem Kaizenteam Vereinbarungen darüber, wann sie welche Mithilfe leisten, um die Verbesserungen zu realisieren.

> *Beziehen Sie schon in einem frühen Stadium Kollegen in den Fortschritt des Kaizenteams ein.*

Kollegen informieren

Kollegen rechtzeitig einbeziehen, Widerstand vorbeugen

Während des Verbesserungsprozesses kann Widerstand auftreten, etwa von Führungskräften oder Kollegen. Kaizenteams müssen manchmal mit erheblichem Gegenwind zurechtkommen. Um Widerstand vorzubeugen, ist es wichtig, schon in einem frühen Stadium jeden in den Auftrag und in die Lösungen einzubeziehen. Der Auftraggeber kann den Auftragsbrief zum Beispiel zusammen mit seinem Managementteam verfassen. Der Fortschritt des Kaizenteams wird über Rundschreiben, Informationstafeln, Plantafeln oder Intranet sowie in den regelmäßigen Arbeitsbesprechungen, kommuniziert. Sobald Lösungsansätze oder die Konturen des neuen Prozesses erkennbar werden, empfiehlt es sich, dass die Teammitglieder diese bereits mit ihren Kollegen besprechen. Durch all diese Arten der Kommunikation lässt sich der Rückhalt vergrößern. Und es kann verhindert werden, dass das Team in einen Tunnelblick verfällt: „Nur unsere Ideen sind gut." Das würde möglicherweise zu einem Mangel an der sehr notwendigen kritischen Haltung und an gesundem Realismus führen.

Völlige Offenheit gegenüber den erdachten Verbesserungen ist besonders wichtig. Kollegen, die nicht im Kaizenteam sitzen finden es interessant, zu hören und zu sehen, womit sich das Team beschäftigt. Sie sind aber vor allem an den Lösungen interessiert. Schließlich geht es dabei auch um ihre Arbeit. Offene Kommunikation wird die Gefahr eines Widerstands gegen die Lösungen verringern. Jeder muss Spielraum haben, um auf die Vorschläge des Kaizenteams zu reagieren. Aber machen Sie auch klar, dass letztendlich das Kaizenteam entscheidet, welche Lösungen eingeführt werden. Schließlich sind es die Teammitglieder, die den Auftrag erhalten haben.

7.2 Schritt 7 – Effekte messen

Praxissituation:

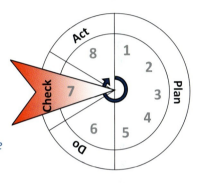

Beispiel: Kaizensitzung

Wenn die Prozessbegleiterin sieht, dass die Maßnahmen aus dem Maßnahmenplan fast alle umgesetzt sind, wird eine Kaizensitzung einberufen. Die Teammitglieder besprechen jene Maßnahmen, für die vereinbart wurde, dass die Umsetzung erst abgeschlossen ist, wenn das Kaizenteam zufrieden ist. Es gibt keine Beanstandungen der Umsetzungsqualität.

In der Produktionsregistrierung zeigt sich jedenfalls schon, dass alle in Angriff genommenen Umstellzeiten kürzer geworden sind. Die Prozessbegleiterin schlägt vor, dieselbe Messung mit der Registrierungsliste vorzunehmen wie in Schritt 3 des Verbesserungszirkels. In der Messung zeigt sich, dass die Umstellung der Abfüllmaschine innerhalb von 17 Minuten abgeschlossen werden kann. Das Team ist stolz auf das erzielte Ergebnis.

Das Team hat alle Lösungen umgesetzt oder umsetzen lassen. Natürlich erwarten die Mitglieder, dass mit der Gesamtheit aller Lösungen die Zielsetzung erreicht wurde. Ob das auch tatsächlich so ist, kontrolliert das Team durch eine Messung des Ergebnisses. Es wird dieselbe Messung vorgenommen wie in den anderen Schritten des Verbesserungszirkels, um die Messungen bestmöglich vergleichbar zu machen.

Und was passiert, wenn der Effekt NICHT ausreichend ist?

Den Prozess wieder in Schwung bringen!

Wenn die erdachten Lösungen nicht den gewünschten Effekt bringen und die Zielsetzung nicht erreicht wird, kann das für das Team sehr enttäuschend sein. Jetzt geht es darum, dass die Mitglieder nicht den Kopf hängen lassen. Wenn das so ist, dann hat der Prozessbegleiter die Aufgabe, den Prozess wieder in Schwung zu bringen.

Analyse von hinten nach vorne

Das Team nimmt erneut kritisch den Zirkel unter die Lupe, jetzt aber von hinten nach vorne. Stellen Sie nicht sofort das Thema zur Diskussion sondern fangen Sie mit der Analyse von Schritt 6 an, der Umsetzung des Maßnahmenplans. Wurden die richtigen Maßnahmen auf die richtige Art umgesetzt? Wenn das so ist, analysieren Sie Schritt 5, usw.

Ergebnisse mit SMED

Die Ergebnisse mit SMED in Produktionsbetrieben können beeindruckend sein. Umstellzeiten können um 50 bis 90% verkürzt werden. Reinigungs- und CIP-Zeiten lassen sich halbieren. Das heißt nicht, dass diese Ergebnisse immer in einem einzigen Kaizenzyklus realisiert werden. Ein Kaizenteam kann eine Umstellzeit um 60% verkürzen. Mit dem steigenden Kenntnisstand kann ein späteres Kaizen dieselbe Umstellung noch einmal um 50% verkürzen. Es kann passieren, dass die Lösungen mit der Zeit immer teurer werden. An einem bestimmten Punkt gibt es eine Grenze zwischen dem Nutzen kürzerer Wartezeit und den Kosten für die Lösungen.

Verblüffende Logik

Manchmal weisen Lösungen, die von einem Team vorgeschlagen werden, eine verblüffende Logik auf, sodass jeder denkt: „Warum haben wir daran nicht schon früher gedacht?"

Beispiel: Reinigungszeit verkürzen - Qualität erhalten

So etwa bei einem Team, das die CIP-Reinigung einer Abfüllmaschine verkürzen sollte. Der Qualitätsmanager hielt dies für einen gefährlichen Auftrag. Doch der Produktionsmanager, der dem Team den Auftrag erteilte, legte in einer Rahmenbedingung fest, dass die wertvolle Zeit der Reinigung, nämlich das Spülen mit Lauge und das Desinfizieren und Schäumen, nicht verkürzt werden darf. Die Verbesserung musste in der Vor- und Nachbereitung gesucht werden. Er wollte nicht das Risiko eingehen, dass die Hygiene der Maschine (und die der Produkte) unter den Lösungen des Verbesserungsteams leidet.

Die Zeitregistrierung der ursprünglichen CIP-Reinigung sah folgendermaßen aus:

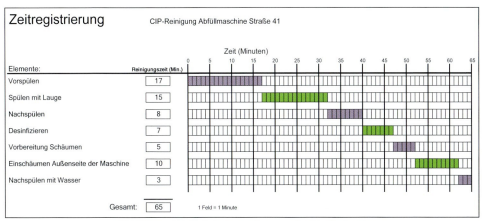

Abbildung 24: Reinigungsplan vor der Optimierung

Die Feststellungen des Teams lauteten:

- Es wird verhältnismäßig viel Zeit für das Spülen mit Wasser aufgewendet
- Alle Handlungen werden nacheinander in Serie verrichtet

Das Vorspülen und Nachspülen dient dazu, Produktreste und Reste der Reinigungsmittel zu entfernen. Das Team hat gemessen, wie lange das Vorspülen dauern muss, um alle Produktreste zu entfernen. Dieselbe Messung wurde für das Nachspülen vorgenommen. Es zeigte sich, dass in der Praxis viel kürzere Spülzeiten ausreichen.

Daneben wurde dem Team schon bald klar, dass Handlungen, die jetzt nacheinander passieren, auch parallel erledigt werden können. Das Team hat die Lösungen eingeführt und damit die Reinigungszeit halbiert, ohne die Hygiene und die Produktqualität damit zu beeinträchtigen. Das neue Schema sieht so aus:

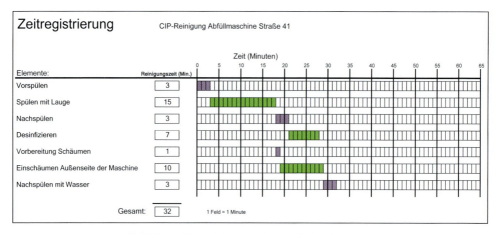

Abbildung 25: Reinigungsplan nach der Optimierung

7.3 Schritt 8 – Standardisierung und Gewährleistung des Ergebnisses

Praxissituation:

Bei dem Kaizen-Event und in der Zeit der Umsetzung der Maßnahmen haben die Mitglieder des Kaizenteams einige Kommentare von Kollegen erhalten. Es waren nicht nur positive Bemerkungen, sondern auch kritische Punkte dabei. Die kritischen Anmerkungen bezogen sich meist auf die Verbesserungsvorschläge. Einige Kollegen hätten in bestimmten Punkten anders gehandelt. Die Prozessbegleiterin hat diesen Aspekt mit dem Kaizenteam besprochen. Alle Punkte, die von den Kollegen kritisiert wurden, sind in den Kaizensitzungen behandelt worden. Jene, die diese Punkte vorgebracht hatten, haben alle ein Feedback bekommen, in dem auf ihre Kritik eingegangen wurde. Teilweise musste das Kaizenteam einfach Entscheidungen treffen, da man es nicht allen recht machen kann.

Beispiel: Entscheidungen treffen und begründen

Die Prozessbegleiterin betonte während des gesamten Projektes, dass die neue Umstellmethode einfacher sein muss als die aktuell angewandte. Nur so kann die Gefahr von Widerstand bei den Kollegen auf ein Minimum reduziert werden.

Alles, was in Schritt 4 des Verbesserungszirkels mithilfe der 3 Phasen von SMED erarbeitet wurde, wurde in Schritt 5 umgesetzt und mit Erfolg getestet. Es arbeiten aber noch nicht alle Teams mit der neuen Methode.

Ziel: Nachhaltigkeit gewährleisten

Ziel des achten und letzten Schrittes des Verbesserungszirkels ist es, einen Standard festzulegen (Standardisierung) und dafür zu sorgen, dass jeder nach dem vereinbarten Standard arbeitet und bei dieser Arbeitsweise bleibt. Es ist sehr frustrierend, wenn die Teammitglieder sehen, dass nach der Auflösung des Kaizenteams die Abmachungen immer mehr ignoriert werden und die Umstellzeiten langsam wieder länger werden. Schritt 8 des Verbesserungszirkels ist dazu bestimmt, zu gewährleisten, dass die Lösungen und das erzielte Ergebnis erhalten bleiben.

Gewährleistung der neuen Arbeitsweise und des Ergebnisses

Wie stellt man die Einhaltung von Standards sicher?

Mindestens so wichtig wie das Aufrechterhalten der vereinbarten Arbeitsweise in Form eines Standards ist die Gewährleistung, dass sich jeder daran halten wird. Die Standardisierung und die Gewährleistung des Standards sind zwei Seiten derselben Medaille. Ein Standard, über dessen Gewährleistung nicht nachgedacht wurde, wird selten wirklich gelebt. Das sind zum Beispiel die vielen Ordner mit Verfahren und Arbeitsanweisungen, die in einem Schrank der Qualitätsabteilung versteckt sind und die sich nie jemand ansieht. Die Entscheidung darüber, in welcher Form Arbeitsvereinbarungen getroffen werden, hängt davon ab, in welchem Maße ihre Einhaltung gewährleistet werden soll. Wenn die Abweichung vom Standard zu einem tödlichen Unfall führen kann, ist das ein Grund, den Standard hundertprozentig zu gewährleisten. Das bedeutet, dass unsichere Alternativen einfach nicht mehr möglich sind. Aber auch andere Faktoren spielen eine Rolle, etwa die Frage, wie Mitarbeiter, die im Dreischichtbetrieb arbeiten, sich an einen Standard halten werden. Die Gewährleistung wird zusätzlich erschwert, wenn man flexible Mitarbeiter (z.B. Personal von Zeitarbeitsfirmen) beschäftigt, die noch dazu unterschiedliche Sprachen sprechen.

Eine Möglichkeit, um den neuen Standard dennoch durchzusetzen, ist es, jeden Mitarbeiter einzuweisen, die Einhaltung anschließend monatelang zu kontrollieren und bei Abweichungen gleich einzugreifen. Nach einiger Zeit haben sich praktisch alle eingewöhnt und das neue Verhalten automatisiert. Dieser Weg ist mühsam und anstrengend. Im Folgenden werden andere Varianten besprochen, um mit Standards das Verhalten zu verändern.

Die Schwäche von Arbeitsanweisungen und Verfahren

Beim Wort Standardisierung denken die meisten Menschen an Verfahren und Arbeitsanweisungen. Es herrscht großes Vertrauen in die Kraft von schriftlichen Vereinbarungen. Manche Menschen gehen davon aus, dass ein Standard durch seine schriftliche Festlegung auch funktionieren wird. Schriftliche Standards geben aber nur scheinbare Sicherheit. Die Textform (zum Beispiel Verfahren und Anweisungen) ist die schwächste Form der Gewährleistung von Standards. Die Wahrscheinlichkeit, dass der Text nicht gelesen, geschweige denn verinnerlicht wird, ist erheblich. Außerdem ist es mühsam und zeitraubend, die Regeln in den Handbüchern, aber auch in den Köpfen aller Beteiligten, aktuell zu halten.

Scheinsicherheit durch schriftlich festgehaltene Standards

Je mehr gelesen werden muss, desto geringer ist die Wahrscheinlichkeit, dass dies auch passiert. Die meisten Menschen werden ehrlich zugeben, dass sie die Bedienungsanleitung ihres DVD-Players nicht zur Gänze (oder überhaupt nicht) gelesen haben. Oder denken Sie an das Handbuch zu Ihrem Auto. Der Text wird höchstens überflogen, auf der Suche nach Bildern oder Wörtern, welche die Aufmerksamkeit des Lesers auf sich ziehen. Meistens probieren wir einfach aus. Wenn wir dann eine funktionierende Methode gefunden haben, merken wir sie uns.

Eigene Methoden werden angewandt

Wenn jemand den Inhalt eines Verfahrens zur Kenntnis genommen hat, ist das noch keine Garantie dafür, dass er auch nach diesem Verfahren arbeiten wird. Viele Menschen entwickeln ihre eigenen Arbeitsmethoden. Wenn ihre eigene Methode einfacher ist als die vorgeschriebene (die möglicherweise qualitativ besser ist), werden sie dazu neigen, die eigene Methode anzuwenden. Dies gilt besonders dann, wenn man die direkten nachteiligen Folgen als gering einschätzt.

> *Eine Arbeitsanweisung oder ein Verfahren ist die schwächste Form der Standardisierung!*

Es muss einfach sein!

Hinzu kommt, dass bei vielen Verfahren und Anweisungen ein größerer Kontrollapparat am Leben erhalten werden muss, damit überprüft werden kann, ob die Verfahren eingehalten werden. Viel Zeit geht dafür verloren, den ganzen Papierkram aktuell zu halten. Sorgen Sie dafür, dass neue und bessere Arbeitsmethoden einfacher auszuführen sind als die alten Alternativen. Wenn das nicht gelingt, versuchen Sie, die unerwünschten Alternativen auszuschalten.

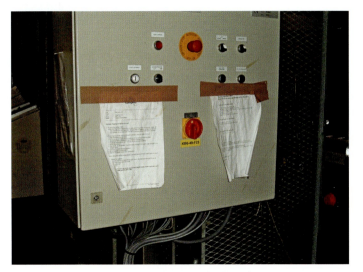

Abbildung 26: Eine ungünstige Art, Standards zu kommunizieren

Es gibt viel bessere Gewährleistungsmaßnahmen als Anweisungen in Schriftform. Anhand der Gewährleistungspyramide werden im Folgenden die vier Ebenen der Gewährleistungsmaßnahmen erklärt.

7.4 Die Gewährleistungspyramide

Adressat einer Standardisierung ist weniger der Urheber als die anderen. Stellen Sie sich beim Standardisieren die Frage, wessen Verhalten Sie in welcher Situation beeinflussen wollen. Wenn Sie einen Standard für Produktionsmitarbeiter entwickeln müssen, die diesen dann bei einem Produktwechsel auf der Fertigungsstraße anwenden sollen (eine Frage von ein paar Minuten), dann suchen Sie eine Standardisierungsform, die für den Benutzer sofort verfügbar ist und bei der auf einen Blick klar ist, was verlangt wird.

> **Alternativen erzeugen Fehler, Standards schaffen Raum!**

Ideale Standards ...

- ... haben wenig oder gar keinen Text, sondern werden visuell mit Abbildungen und Fotos vermittelt – diese ziehen die Aufmerksamkeit auf sich.
- ... erklären sofort, was verlangt wird und schließen unterschiedliche Interpretationen aus.
- ... nehmen Rücksicht auf die Welt und die Sprache des Benutzers. Die besten Standards werden von den Personen geschaffen, die mit diesen Standards arbeiten werden.
- ... brauchen nie gesucht oder in einem Ordner nachgeschlagen zu werden, sondern sind unmittelbar verfügbar.
- ... sind wartungsfrei und erfordern keine Versionsverwaltung.
- ... kennen keine Sprachbarrieren.
- ... sind ohne Alternativen, denn diese wurden unmöglich gemacht.
- ... sind besser, sicherer und schneller als alle bekannten Alternativen. Dann werden die Benutzer gerne ihre unvollkommenen Standards dagegen eintauschen.
- ... sind unsichtbar, aber funktionieren. Sie lenken das Handeln unbewusst in die richtige Richtung.

Eine treffsichere Standardisierungsmethode kann mithilfe der Gewährleistungspyramide entwickelt werden. Fangen Sie an der Spitze der Pyramide an: Ist es möglich, ein Failsafe (ein absolut zuverlässiges System) zu entwickeln? Wenn nicht, dann suchen Sie nach Möglichkeiten, visuelle Steuerungsmittel zu verwenden, usw. Beachten Sie, dass die schwächste Variante der Gewährleistung das Verfahren oder die Anweisung ist. Je weiter man sich auf der Pyramide nach unten bewegt, desto geringer ist die

Sicherheit, dass die Gewährleistung gelingt und desto höher ist der Kontrollbedarf. Die unteren Ebenen der Pyramide erfordern immer mehr Zeit für die ständige Aktualisierung des Standards und die Kontrolle seiner Einhaltung.

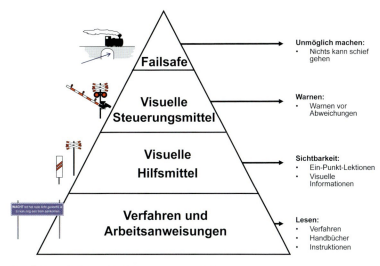

Abbildung 27: Gewährleistungspyramide

Die vier Ebenen in näherer Betrachtung

Ebene 1: Das Failsafe

Es gibt nur eine Möglichkeit

Die Gewährleistung von Standards mit Failsafes bietet die höchste Sicherheitsgarantie. Ein Failsafe ist eine Gewährleistungsmethode, die für den Handelnden nur eine Möglichkeit zulässt, nämlich die beste. Alternativen wurden unmöglich gemacht. Im Volksmund wird diese Form der Gewährleistung auch als „idiotensicher" bezeichnet.

So kann man etwa einen Bahnübergang noch so gut standardisieren, um zu gewährleisten, dass beim Herannahen eines Zuges keine Menschen auf den Schienen stehen. Es kann trotzdem immer etwas schief gehen. Eine Bahnunterführung jedoch wäre ein Failsafe. Die Wahrscheinlichkeit, dass dann trotzdem noch jemand im falschen Moment auf den Schienen steht, ist zu vernachlässigen.

Natürlich bestimmen die möglichen Folgen einer Abweichung vom Standard, welche Gewährleistungsmethode die beste ist. Wenn eine Abweichung von der Standardarbeitsweise einen Unfall zur Folge haben kann, ist ein Failsafe die passendste Lösung. Aber denken Sie auch bei Abweichungen mit geringfügigen Folgen darüber nach, ob es nicht eine Failsafe-Lösung gibt. Failsafes sind oft sehr einfach, preisgünstig und treffsicher. Arbeiten Sie sich in der Pyramide deshalb immer von oben nach unten.

Beispiele für Failsafes:

- Umrüstungsteile, die zuvor auf verschiedene Arten in die Maschine eingebaut werden konnten, sind mit Nocken versehen, wodurch sie nur in einer bestimmten Stellung in die Maschine passen.
- Werkzeug wird an einer Schraube festgeschweißt, damit es immer an der richtigen Stelle bleibt und nicht mehr verloren geht.
- Knöpfe auf Schaltbrettern werden blockiert oder auch entfernt, um unnötiges Bedienen dieser Knöpfe zu verhindern.

Failsafes sind nicht immer möglich und manchmal auch zu teuer. Auf den tieferen Ebenen der Gewährleistungspyramide finden wir andere Formen der Standardisierung.

Ebene 2: Visuelle Steuerungsmittel

Visuelle Steuerungsmittel beeinflussen das Verhalten, indem sie Signale abgeben, wenn es Abweichungen gibt oder zu geben droht. Die Signale können visuell sein. Es könnte aber auch ein Geruch, Wärme oder ein Geräusch als Steuerungsmittel dienen. Wenn wir beim Beispiel des Bahnübergangs bleiben, dann sind die visuellen Steuerungsmittel die blinkenden Ampeln, während das Geräusch die beim Schließen der Schranke läutende Glocke ist. Man muss schon in Gedanken versunken sein, um die abweichende Situation (das Herannahen des Zuges) nicht zu bemerken.

Visuelle Steuerungsmittel benötigen wenig oder gar keine Erklärung. Ihr Zweck ist auf einen Blick klar. Es gibt aber keine hundertprozentige Garantie, dass die unerwünschte Situation nicht eintritt. Es sind immer noch Situationen denkbar, in denen Unfälle auf einem Bahnübergang passieren können, trotz der Schranken. In Produktionsräumen, die voller Blinklichter und brüllender Sirenen sind, könnte der Effekt dieser Steuerungsmittel umgekehrt sein: Es fällt auf, wenn alle Blinklichter und Sirenen ausgehen. Beispielsweise wird in manchen Bürogebäuden der Feueralarm so häufig ausgelöst, dass deshalb kaum einer das Gebäude verlässt, selbst wenn es wirklich brennen würde. Auch die Zeit, die zwischen dem Auftreten einer Abweichung und dem Bemerken des Steuerungssignals vergeht, darf nicht zu lang sein. Wenn das Feedback zu lange auf sich warten lässt, wird das Steuerungsmittel geschwächt.

Der Effekt kann sich ins Gegenteil umkehren!

> Zu viele Sirenen und Lichter bergen die Gefahr einer Alarminflation: Niemand reagiert mehr darauf!

Beispiele für visuelle Steuerungsmittel sind:

- Alarm (Hupe), der losgeht, wenn ein Flüssigkeitsstand auf niedrigem Niveau ist
- Schattenbretter für Werkzeuge oder Umrüstungsteile (siehe Abbildung 19, Seite 72)

Steuerungsmittel kommen bei abweichenden Situationen zum Einsatz. Sie können auch dazu genutzt werden, Mitarbeitern oder Kunden ein wenig auf die Sprünge zu helfen. Wenn es zum Beispiel viele Alternativen gibt, kann mit Steuerungsmitteln dafür gesorgt werden, dass die weniger guten Alternativen nicht so schnell gewählt werden. Die unerwünschten Alternativen lassen sich verstecken oder unattraktiv machen. Man kann auch die gewünschte Methode so prominent präsentieren, dass sie mit einer gewissen Selbstverständlichkeit gewählt wird. Das passiert etwa den Kunden von Versorgungsbetrieben. Die Betriebe bevorzugen die Zahlung mittels Bankeinzug und nicht auf Rechnung. Das fördern sie, indem sie Ermäßigungen anbieten, wenn der Kunde dem automatischen Bankeinzug zustimmt. Die alte Zahlungsart wird zurückgedrängt, indem neuen Kunden von Haus aus nur noch die Zahlung per Bankeinzug angeboten wird und diese Zahlungsart erst später eventuell wieder abbestellt werden kann.

Ebene 3: Visuelle Hilfsmittel

Ein visuelles Hilfsmittel erteilt Informationen über Prozesse und Standardsituationen. In der genannten Bahnübergangssituation sind Andreaskreuze und rechteckige Schilder mit schrägen Streifen visuelle Hilfsmittel. Wer sich dem Bahnübergang nähert, wird auf eine potenziell gefährliche Situation aufmerksam gemacht. Visuelle Hilfsmittel enthalten möglichst wenig Text. Fotos, Piktogramme, Abbildungen und Zeichnungen können viel schneller erkannt werden. Ein Bild sagt mehr als tausend Worte.

Mit einem guten Standard kann Verhalten in die richtige Richtung gelenkt werden!

Ein visuelles Hilfsmittel kann auch eine Anweisung in Form einer Bildergeschichte sein. Die Sicherheitshinweise für Flugzeugpassagiere sind so gestaltet. Diese Art der visuellen Arbeitsanweisung nennt man Ein-Punkt-Lektion (EPL).

Visuelle Hilfsmittel haben eine schwächere Wirkung

Visuelle Hilfsmittel sind schwächere Gewährleistungsmaßnahmen als visuelle Steuerungsmittel, da auf abweichende oder potenziell gefährliche Situationen in geringerem Maße aufmerksam gemacht wird. Visuelle Hilfsmittel sind auch dann vorhanden, wenn die Situation nicht vom Normalzustand abweicht. Es ist gut möglich, dass eine Person aus Unachtsamkeit auf den Schienen steht, obwohl ein Zug herannaht, wenn sie das Warnschild nicht gesehen hat.

Beispiele für visuelle Hilfsmittel sind:

- Eine Zeichnung auf der Maschine, welche die richtige Richtung für das Einführen einer neuen Folienrolle angibt
- Linien und Felder auf dem Boden
- Skalenstriche auf Maschinen, die bei der korrekten Justierung helfen

> **Ein visuelles Hilfsmittel ohne eine damit verbundene Aktion ist nicht mehr als Dekoration!**

Ebene 4: Verfahren, Anweisungen und Handbücher

Die Textform (zum Beispiel Verfahren und Anweisungen) ist die schwächste Form einer Gewährleistungsmaßnahme. Die Wahrscheinlichkeit, dass der Text nicht gelesen, geschweige denn verinnerlicht wird, ist erheblich. Je mehr jemand lesen muss, desto geringer ist die Wahrscheinlichkeit, dass er es tut. Außerdem ist es mühsam und zeitraubend, die Regeln in den Handbüchern, aber auch in den Köpfen aller Beteiligten, aktuell zu halten. Fragen Sie einen beliebigen Mitarbeiter, ob er eine bestimmte Arbeitsanweisung innerhalb von 30 Sekunden vorführen kann.

Viel Text wird oft nicht gelesen

Wenn jemand den Inhalt einer Arbeitsanweisung zur Kenntnis genommen hat, ist das noch lange keine Garantie dafür, dass er auch nach diesem Verfahren arbeiten wird. Viele Menschen entwickeln ihre eigenen Arbeitsmethoden. Wenn ihre eigene Methode einfacher ist als die vorgeschriebene (die möglicherweise besser ist), werden sie dazu neigen, die eigene Methode anzuwenden.

Wissen heißt nicht, dass es auch getan wird!

Visuelle Arbeitsanweisungen – Ein-Punkt-Lektionen

Wenn eine Anweisung benötigt wird, erstellen Sie diese auf der Ebene der visuellen Hilfsmittel. Nehmen Sie sich ein Vorbild am Spielzeughersteller Lego: Die Bauanleitungen enthalten nur Bilder in einer bestimmten Reihenfolge und kommen ohne Text aus. Eine solche visuelle Arbeitsanweisung nennt man in der 5S-Terminologie Ein-Punkt-Lektion (EPL). Eine EPL ist ein Mittel, um in kurzer Zeit Informationen über Wissen und Fähigkeiten genau dort zu vermitteln, wo es notwendig ist. Ausgangspunkt von EPLs ist, dass der Benutzer sie selbst erstellt und dann seinen Kollegen erklärt. Die Qualitätsabteilung hilft höchstens bei der Gestaltung der EPL.

Jede EPL wird von Kollegen getestet, bevor sie in Umlauf kommt. Um zu gewährleisten, dass jeder die EPL gelesen hat, kann eine Unterschriftenliste verwendet werden. Je mehr EPLs, desto schwieriger wird es, das Wissen bei jedem Mitarbeiter aktuell zu halten. EPLs sind keine Garantie dafür, dass auch wirklich jeder nach der beschriebenen Methode arbeitet.

Beim Einweisen neuer Kollegen können EPLs besonders praktisch sein. Auf einer Tabelle hält der Ausbilder fest, welche EPLs der Auszubildende gelesen hat und nachweisbar beherrscht.

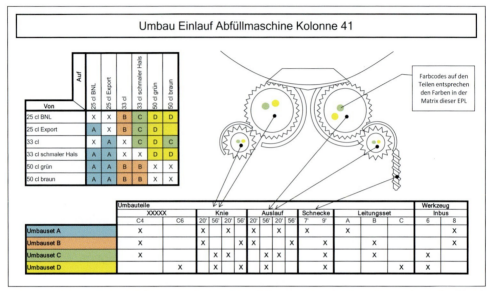

Abbildung 28: Ein-Punkt-Lektionen für eine Umstellung des Einlaufs einer Abfüllmaschine

Eine treffsichere Art, anderen die logische Reihenfolge zu vermitteln, ist es, eine Ein-Punkt-Lektion mit der Handlungsreihenfolge im Posterformat auszudrucken. Diese EPL wird neben der Maschine an die Wand gehängt. Alternativ kann auch ein Instruktionsvideo aufgenommen werden, auf dem das Kaizenteam die logische Reihenfolge darstellt.

7.5 Zusammenfassung und Abschluss des Kaizen-Projekts

Wenn alle Mitarbeiter die neue Arbeitsmethode kennen, kann das Kaizenteam aufgelöst werden. Die Lösungen wurden auf die Organisation übertragen. Die Beibehaltung der neuen Arbeitsweise ist jetzt Aufgabe und Verantwortung derer, die damit

Grafische Darstellung der Umstellzeiten sorgt für Einhaltung

arbeiten müssen. Der Manager sorgt dafür, dass die Einhaltung kontrolliert wird. Um gut zu überwachen, ob die Umstellzeiten im weiteren Verlauf stabil bleiben, ist es nützlich, die Umstellzeiten zu protokollieren und in einer Grafik zu zeigen. Viele Mitglieder von Kaizenteams fürchten, dass das Ergebnis nach der Auflösung des Teams wieder dahinschwindet. Durch den ganzen Wirbel um das Kaizen-Event hat die Umstellung viel Aufmerksamkeit bekommen. Jeder hat sich darauf konzentriert, die Umstellung so schnell wie möglich zu schaffen. Mit der Auflösung des Kaizenteams wurden die Lösungen auf die Fertigungsstraße übertragen.

Die Mitarbeiter der Fertigungsstraße sind jetzt für die Beibehaltung der Verbesserungen verantwortlich. Das Kaizenteam entwickelt eine einfache Umstellmethode, die leicht zu erlernen und zu übertragen ist. Eine Methode, um die Umstellzeiten zu überwachen, könnte sein, sie zu einem fixen Gesprächspunkt in der täglichen Produktionsbesprechung zu machen. Die Umstellzeit kann als Leistungsindikator für die Produktion herangezogen werden. Dadurch bleiben die Ergebnisse sichtbar und es kann rechtzeitig gegengesteuert werden, wenn die Umstellzeiten wieder länger werden.

> *Achten Sie darauf, dass die verbesserte Umstellzeit im Bewusstsein der Mitarbeiter bleibt, indem Sie sie ständig messen und immer wieder besprechen.*

Die Leistung präsentieren und Begeisterung schaffen

Sobald die Ergebnisse ausreichend gewährleistet sind, kann das Kaizenteam mit einer Endpräsentation formell aufgelöst werden. Zu der Präsentation sind nicht nur der Auftraggeber, sondern auch Kollegen und Führungskräfte aus anderen Abteilungen eingeladen. Das Kaizenteam zeigt in der Endpräsentation, was erreicht wurde, aber auch, wie es erreicht wurde. Es ist praktisch, die Präsentation anhand der acht Schritte des Verbesserungszirkels aufzubauen. Von jedem Schritt kann dann das Ergebnis präsentiert werden. Ziel ist es, die Anwesenden bei der Endpräsentation für die Leistungen des Teams zu begeistern.

Keinesfalls soll der Prozessbegleiter allein einen Vortrag halten, sondern vorzugsweise erhalten alle Teilnehmer eine Rolle in der

Präsentation. Das verdeutlicht viel besser, dass es sich um eine Leistung des gesamten Teams handelt.

Erfolge feiern - Leistungen wertschätzen

Das Kaizenteam hat den Auftrag erfolgreich abgeschlossen und das gewünschte Ergebnis erreicht. Der Erfolg muss gefeiert werden. Das Feiern von Erfolgen ist wichtig als Zeichen der Anerkennung für die Leistungen der Teams und der Wertschätzung für die Flexibilität der Teammitglieder während des Kaizen-Events.

8 SMED in der Praxis – Fallbeispiele

Fallbeispiel 1:
Es funktioniert nicht, ohne die Menschen ins Boot zu holen

Beispiel:
Es funktioniert
nur mit den
Beteiligten

Hier stellen wir ein Beispiel vor, das ganz deutlich zeigt, worauf es bei einem SMED-Projekt wirklich ankommt. Ein mittelständischer Zulieferer eines großen deutschen Automobil OEMs sollte im Rahmen einer Lean-Welle seine Ausfallzeiten an den Anlagen reduzieren. Es kamen interne Berater des Kunden ins Haus, die den gestandenen Praktikern „helfen" wollten, die Rüstzeiten zu optimieren.

Theoretisch kannten sie alle Vorgehensweisen und Kniffe für das Schnellrüsten. Und sie hatten bereits die Preisvorgaben in der Tasche, die nach Abschluss des Projekts – aufgrund reduzierter Kosten bei der Herstellung – gelten sollten. Die ganzen Besprechungen zu dem Projekt liefen lediglich auf Managementebene, und die externen Berater gaben nur Instruktionen, was wann für einen definierten Prozess zu tun sei. Zum Abschluss des Workshops wurde ein Videofilm von einer Fabrik in Osteuropa vorgeführt. Dort dauerte derselbe, mutmaßlich nicht zu optimierende Rüstprozess, nur sieben Minuten – statt wie in besagtem Werk mehr als 2,5 Stunden.

Das Unternehmen startete euphorisch mit dem neu angelegten Drehbuch, doch das Ergebnis war verheerend: An den Rüstzeiten und letztendlich an den Ausfallzeiten in der täglichen Praxis hatte sich nichts verändert. Selbst diejenigen Mitarbeiter, die den Videofilm gesehen hatten und zu den neuen Rüstvorgaben geschult wurden, hatten lediglich ein Schulterzucken übrig. Dem TPM-Manager

Der Funke muss
überspringen

wurde klar, dass der Funke bei den Praktikern immer noch nicht übergesprungen war.

In vielen Fachbüchern wird über dieses Phänomen „Resistenz gegen Veränderung" geschrieben. Immer wieder ist die Rede von Veränderung, Menschen, Komfortzonen und Motivation. Auch in diesem Unternehmen bewahrheitete sich die 2–6–2-Regel exakt. Doch in diesem Fall ließ der TPM-Manager nicht locker. Er war davon überzeugt, dass es sinnvoll ist, den Erfahrungsschatz vom Mitarbeitern mit mehr als 30 Jahren Betriebszugehörigkeit anzuzapfen. Für ihn gab es nur einen Weg: Die Zweifler mussten an Gemba, den Ort des Geschehens!

Der TPM-Manager wählte vier Mitarbeiter aus, um mit ihnen in das osteuropäische Vorzeigewerk zu fahren. Dort angekommen sahen sie mit eigenen Augen, wie die Mitarbeiter vor Ort mit viel Ruhe und Souveränität ihre täglichen Aufgaben verrichteten. Sie konnten beobachten, wie Speed-Rüsten in Perfektion funktioniert. Sie erlebten an vier aufeinander folgenden Rüstvorgängen, wie Vorgabezeiten, die weit von der Realität entfernt schienen, scheinbar mühelos eingehalten und stetig verbessert wurden. Auf der fünfstündigen Rückfahrt herrschte Nachdenklichkeit und betretenes Schweigen. Keiner wagte es, auch nur ein Wort über das Erlebte zu äußern. Wieder zurück am eigenen Arbeitsplatz wollten es die ursprünglich skeptischen Mitarbeiter plötzlich auch versuchen. Sie steckten sogar ihre Kollegen mit ihrer Begeisterung an. Der größte Skeptiker wurde zum Zugpferd der Mannschaft und plante zusammen mit dem TPM-Manager den SMED-Workshop bis ins Detail. Nichts, aber auch gar nichts wurde dem Zufall überlassen. Er selbst stellte sich als Rüster zur Verfügung und willigte sogar den Filmaufnahmen während seiner Arbeit ein. Das wäre vor nicht allzu langer Zeit ein Fall für den Betriebsrat gewesen, war aber nun kein Thema mehr.

Im ersten, viertägigen Workshop mit drei Verbesserungsschleifen und einem daraus resultierenden Drehbuch reduzierte das Team ohne Investition die Rüstzeit von 154 Minuten auf 32 Minuten. In einem zweiten Durchgang wurden ca. 4500 Euro für technische Veränderungen investiert. Innerhalb von 6 Monaten wurde die Rüstzeit nochmals mehr als halbiert auf 17 Minuten. Da dieser Rüstvorgang bis zu 40 Mal pro Monat durchgeführt wurde, waren die Folge-Einsparungen enorm.

Dieses Beispiel zeigt deutlich, dass es bei einem Rüstprojekt – wie bei anderen Verbesserungsprojekten auch – zuerst darum geht, die Menschen mitzunehmen und zu begeistern. Zum anderen müssen die Menschen den Sinn der Maßnahmen verstehen und durch Schulung das entsprechende Know-how erhalten. Unterstützung durch externe Berater kann sehr hilfreich sein, aber nur, wenn die Menschen eingebunden werden. Die Rolle des Beraters sollte nicht sein, Anweisungen zu geben. Vielmehr sollten Berater durch Coaching die Menschen dazu führen, dass sie selbst Lösungen finden.

Die Abbildungen 29 bis 33 zeigen die Vorgehensweise des Teams – teilweise mit Original-Folien aus dem Projekt.

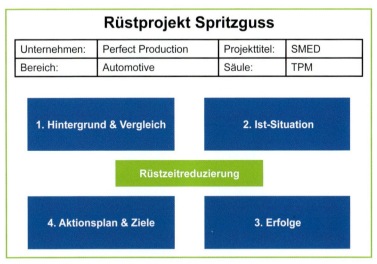

Abbildung 29: Planung des Rüstprojekts

Abbildung 30: Analyse der Ist-Situation

Abbildung 31: Verlustpotenzial Rüstablauf

Abbildung 32: Neuer Rüststandard an dieser Maschine

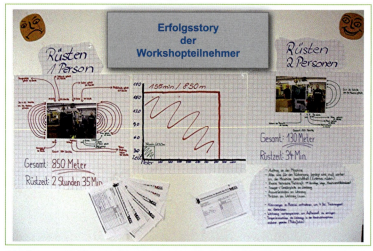

Abbildung 33: Teampräsentation an die Geschäftsführung

Fallbeispiel 2:
Kleines SMED-Projekt mit großer Wirkung

Beispiel:
Rüstzeitoptimierung an einem Sägeautomaten

Die PFEIFER Seil- und Hebetechnik GmbH in Memmingen startete mit Lean Production in größerem Umfang. Dazu gehörte auch die solide Ausbildung der Mitarbeiter. So absolvierten mehrere Mitarbeiter das Ausbildungsprogramm „Lean Production Master" am CETPM an der Hochschule Ansbach. Einer davon war der Leiter Qualitätssicherung und Ideenmanagement, der auch dafür zuständig ist, intern Mitarbeiter zu schulen. Im Rahmen dieser Ausbildung hatte er die Aufgabe, ein Projekt zur Rüstzeitoptimierung in seinem Arbeitsumfeld umzusetzen.

Für die Erledigung seiner „Hausaufgabe" führte er ein SMED-Projekt an einem Sägeautomaten durch. Er begab sich in die Rolle des Auftraggebers und Prozessbegleiters und bildete ein Projektteam. Diesem gehörten zwei Kollegen, ein Vorarbeiter, ein Maschinenbediener und ein Betriebsratsmitglied an. Bereits im ersten Durchlauf wurde die Rüstzeit fast um die Hälfte reduziert. So ist das Team vorgegangen:

SMED Stufe 1:
Unterscheidung zwischen intern und extern

Erste Schritte waren eine Arbeitsplatzbegehung und die Information des Betriebsrates und des Meisters der Abteilung. Zur Aufnahme des Prozesses wurden einzelne Rüstschritte und Zeiten erfasst, die Wege per Spaghetti-Diagramm aufgezeichnet und Verschwendungen notiert. Der Ist-Zustand wurde anhand von Karteikarten auf einer großen Moderationsfläche dargestellt. Mit farbigen Klebezetteln teilte das Team die Tätigkeiten in die Rubriken internes und externes Rüsten ein (SMED Stufe 1, s. Abbildung 34). Es wurden Maßnahmen zur internen Rüstoptimierung umgesetzt und die Kosten- und Zeitersparnis erfasst (SMED Stufe 2).

Mit der Aufnahme der externen Rüstoptimierungsmaßnahmen definierte das Team einen Standard-Rüstablauf. Dieser wurde testweise durchgeführt (SMED Stufe 3). Das Zwischenergebnis dieses ersten neuen Standard-Rüstvorganges, ohne Umsetzung der technischen Maßnahmen, konnte sich sehen lassen: Die Rüstzeit wurde von 39,4 auf 19,3 Minuten reduziert, die Laufwege um 30% verkürzt.
Die nächsten Schritte wurden festgelegt: Eine Wiederholung der 5S-Methode am Arbeitsplatz, die Umsetzung technischer Maßnahmen

und eine weitere Rüstoptimierung nach PDCA, mit dem Endziel, die Rüstzeit auf neun Minuten zu verkürzen.

Abbildung 34: Betrachtung der internen und externen Rüstvorgänge bei der Firma Pfeifer in SMED Stufe 1

Nach Umsetzung aller technischen Maßnahmen ist das Team am Ziel angekommen: Die Rüstzeit wurde nochmals verkürzt auf neun Minuten (Rüstzeitreduzierung um 78%), und die Laufwege wurden um 77% reduziert. Nun gilt es, den neuen Standardrüstablauf (siehe Abbildung 35/36) nachhaltig zu etablieren und weiter zu optimieren.

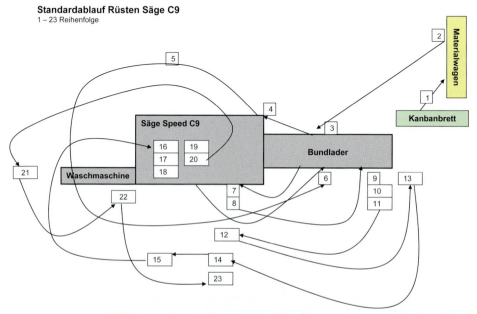

Abbildung 35: Festgelegte Reihenfolge für den neuen Standardrüstablauf

PSH Formblatt			**PFEIFER**	
	Maschinenrüsten Standardablauf - Maschine: Säge C9 Kost. 1234			

Prozess	Rüster 1	Intern/Extern	Tätigkeit	Zeit
1	x	E	Auftrag oder Kanbankarte holen	0,17
2	x	E	Material messen	0,26
3	x	I	Material einlegen in Bundlader	1,08
4	x	I	Sicherheitsschranke entriegeln	1,48
5	x	E	Öl nachfüllen bei Bedarf (Minimalmengenschmierung)	1,55
6	x	I	Führungskanal Durchmesser ø einstellen	2,03
7	x	I	Bundlader nach hinten fahren, Führungskanal ausklappen	2,12
8	x	I	Deckel öffnen, Doppelrohre einstellen / bis ø 31,0mm	2,30
9	x	I	Deckel schließen, Führungskanal einklappen	2,47
10	x	I	Schieber auf Rohrdurchmesser einstellen	3,20
11	x	I	Rohr nach vorne schieben bis zum Sägeblatt	4,54
12	x	I	Spannstock wechseln ø (bei Bedarf)	5,20
13	x	I	Spänebürste einstellen (bei Bedarf erneuern)	5,42
14	x	I	Sägeblatt wechseln (bei Bedarf)	6,01
15	x	I	Sägeblatt Eilgang Stop einstellen, Bearbeitungsende einstellen	6,47
16	x	I	Längenanschlag einstellen (bei Bedarf wechseln)	7,11
17	x	E	Box mit Einlage (vorbereitet) an Materialbereitstellung	7,34
18	x	I	Waschmaschine auf Bereitschaft einstellen	8,12
19	x	I	Auftrag Eingabe Schnittparameter, Rohr zurückschieben bis Sensor	8,20
20	x	I	Takt start -> Automatic	8,27
21	x	I	Sägevorschub minimiert (Fz= xx%) bei ersten 30 Teilen	8,44
22	x	E / I	Messprüfung nach Zeichnung / Automatikbetrieb wenn Teil i.o auf 100%	9,03
23	x	E	Ordnung + Sauberkeit/Rüst-und Messwekzeug verräumen	**9,30**
			Gesamtrüstzeit (Minuten)	**9,30 Min**

Abbildung 36: Rüstablauf vor der zweiten Optimierung

Anlagen

Anlage A: Beispiel für Auftragsbrief

Auftragsbrief

Name des Verbesserungsteams:			
Mitglieder			
Auftraggeber	Hans Buiten	Abteilung: MT	

„Die Umstellzeit von Inline 4 beträgt durchschnittlich (alle Farben) 18 Minuten. Pro Monat wird ungefähr 160-mal umgestellt. Die Gesamtzeit der Umstellungen nimmt bei uns einen großen Teil der Produktionskapazität in Beschlag. Wenn es Möglichkeiten gibt, die Umstellzeiten noch zu reduzieren, müssen diese auf jeden Fall genutzt werden. Jede Minute, die bei einer Umstellung gewonnen wird, schafft pro Monat durchschnittlich 160 Minuten Zeitgewinn."

Schritt 1. Auftragsbeschreibung:
Analysieren Sie die derzeitige Umstellzeit von Inliner 4 und verkürzen Sie sie auf solche Weise, dass jede Schicht und jeder Maschinenarbeiter die neue Umstellmethode annimmt und auch beibehält.

Rahmenbedingungen:
1. Die Sicherheit der Arbeiten muss gleich bleiben oder besser werden.
2. Die Qualität der Endprodukte muss gleich bleiben oder besser werden.
3. Der Ausschuss muss gleich bleiben oder geringer werden.
4. Die Anzahl der Umstellungen ist nicht Arbeitsthema dieses Teams.
5. Das Team hat einen Betrag von € 1000,- zur freien Verfügung für eventuelle Anpassungen oder für die Umsetzung der Verbesserungsvorschläge, unter der Bedingung, dass die ganze Gruppe einverstanden ist.
6. Höhere Beträge sind vom Auftraggeber zu genehmigen.
7. Der Auftraggeber sorgt für die erforderliche Unterstützung des Managements.

Anfangsdatum	12. September	Enddatum	1. Januar

Schritt 2. Ziele setzen

Zielsetzung:

Derzeitige Umbauzeit: 18,5 Minuten

Ziel: 10 Minuten

Unterschrift des Auftraggebers	
	Datum
	8. September

Anlage B: Beispiel eines Verbesserungsvorschlags

Verbesserungsvorschlag

Name: Maarten Bron **Maschine/Arbeitsplatz:** Straße 2 **Datum:** 21. Februar

Abteilung: Verpacken **Thema:** Umbau Stapler **Nummer:** 34

Beschreibung des Problems
(Wer, was, wo, wann, warum, wie, wie viel?)

Die Höheneinstellung des Sensorbalkens muss präzise erfolgen. Das Gewicht des Balkens und der Umstand, dass der Balken auf zwei Seiten eingestellt werden muss, verursachen in Kombination mit dem Schlitzloch viel Arbeit beim Einstellen und Nachjustieren.

Beschreibung der neuen Situation

Wir arbeiten mit drei verschiedenen Höhen. Wenn wir zunächst präzise feststellen, auf welchen Höhen die Sensoren am besten funktionieren, und anschließend für beide Seiten eine Platte mit einem Schlitzloch mit den drei Stellungen anfertigen, können wir die Einstellzeit erheblich verkürzen.

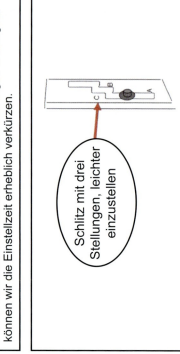

Schraube in Schlitz ist schwer einzustellen

Schlitz mit drei Stellungen, leichter einzustellen

Kosten:	750 Euro	Unterschrift Schicht A:	Unterschrift Auftraggeber:
Erwarteter Gewinn:	7 Minuten pro Umbau = 4.300 Euro pro Jahr	Unterschrift Schicht B:	Umsetzungsdatum: 12. März

Anlage C: Rüstzeitanalyse und Optimierung

Aufnahme Rüstablauf

Anlage:_____ Team:_____ Datum:__/__/__ Blatt:____

Nr.	Teilprozess	Zeit	Dauer	Intern / Extern

Zusammenfassung

- Jeder Rüstvorgang muss so gut wie möglich vorbereitet werden! („Externes" Rüsten)
- Erstellen Sie einen detaillierten Rüstablaufplan und legen Sie genau fest, was „Extern" und was „Intern" getan werden muss!
- Verlagern Sie möglichst viel ins „Externe"!
- Rüsten Sie möglichst zu zweit oder dritt, das spart zusätzliche Wege!
- Der Rüster (Einrichter) darf sich bewegen, aber nicht gehen!
- Vermeiden Sie Schraubverbindungen!
- Benutzen Sie möglichst keinen Hammer und keinen Kran!
- Vermeiden Sie Einstellarbeiten!
- Benutzen Sie Lehren, Skalen und Referenzpunkte!
- Stecken Sie sich anspruchsvolle Ziele!
- Üben Sie den Rüstvorgang so oft es geht!

Anlage D: Schrittfolge der SMED-Methode

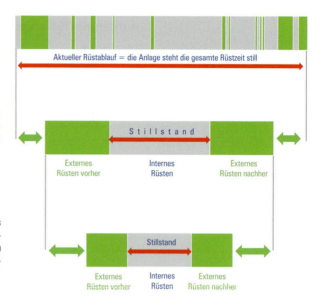

1. Das Rüstteam dokumentiert den Ablauf und stellt das Ergebnis visuell dar. Zeitgleich erfolgt dabei eine Zuordnung des internen und externen Rüstens.

2. Durch den Einsatz von EKUV-Methoden werden sowohl die beiden Anteile des externen Rüstens, als auch die internen Stillstandszeiten reduziert.
(eliminieren, kombinieren, umstellen, vereinfachen)

3. Die beiden Anteile des externen Rüstens werden durch EKUV-Methoden kontinuierlich optimiert und die Stillstandszeiten durch technische Verbesserungen zielgerichtet reduziert.
(eliminieren, kombinieren, umstellen, vereinfachen)

1. Teambildung und Aufgabenplanung	Einrichter, Prozess- und Zeitaufnahme, Wege, Beobachtung & Verbesserung, Dokumentation
2. Aufnahme des Ist-Zustands	Stoppuhr, Layout, Kamera oder Video, EKUV-Analyseblatt, Verbesserungsblatt
3. Analyse und Verbesserung	Darstellung Ist-Prozess, Spagetti-Diagramm, Ziele, Verbesserungen, Soll-Prozess (Drehbuch)
4. Umsetzen erster Verbesserungen	Von intern auf extern, paralleles Rüsten, Stellflächen, Rüsthilfen, Engpässe erweitern
5. Training und Ist-Aufnahme	Einrichter schichtübergreifend, neues Drehbuch, Ist-Aufnahme, Erarbeiten eines neuen Standards
6. Analyse und Aktionsplan	Analyse (siehe Schritt 3), Checkliste Vor- und Nachbereitung, Aktionsplan erstellen und umsetzen
7. Stabilisieren und weiterentwickeln	Tägliche Rüstdarstellung, Qualifikationsmatrix, Shopfloormanagement, Standards, Weiterentwicklung

Literatur

Zu den Themen SMED und Umstellzeitverkürzung sind folgende Werke lesenswert:

Arai, K.; Sekine, K.: Kaizen for Quick Changeover: Going beyond SMED, Productivity Press 2006

Shingo, S.; Productivity Development Team: Quick Changeover for Operators: The SMED System, Productivity Press 1996

Shingo, S.: A Revolution in Manufacturing: The SMED System, Productivity Press 1985

Teeuwen, B.; Schaller, C.: 5S - Die Erfolgsmethode zur Arbeitsplatzorganisation, 3. Auflage, CETPM Publishing 2015

Stichwortverzeichnis

5S 78, 97
5xWarum 43
30-Sekunden-Regel 77
80-20-Regel 54
Acht große Maschinenverluste 27
Act-Phase 41
Anfahrverluste 27
Anlagenausfälle 27
Anlaufen der Maschine 15, 22
Arbeitsanweisungen 97
Aufgabenverteilung 32, 33
Auftraggeber 32, 36, 44, 66, 80, 99
Auftragsbrief 39, 40, 71, 80, 81
Aufwand-Nutzen-Matrix 72
Ausschuss 22, 27
Autonome Instandhaltung 26
Befestigungsmittel 64
Bodenlinien 69
Bottleneck 45
Brainstorming 43, 66
BUB-Modell 51
Changeover 21
Check-Phase 41
Cleaning in Place (CIP) 22, 56
Deming 14, 40
Do-Phase 41
Drei Phasen 23
Dreischichtbetrieb 89
Durchlaufzeit 41
Eilauftrag 16
Ein-Punkt-Lektion 96
Elemente 52
Externe Handlungen 22, 58, 61
Failsafe 93
Fingerspitzengefühl 68
Flow 28
Formatumstellung 47
Formel 1 13
GAE 26

Gemeinsames Bild 51
Geplante Stillstände 27
Gesamtanlageneffektivität 26
Geschwindigkeitsverluste 27
Gewährleistung 41, 89, 92
Gewährleistungsmaßnahme 90
Gewährleistungspyramide 91
Grundursachen 40
Gruppengröße 35
Handlungen 52
Hypothese 73
Idealer Arbeitsplatz 78
Idealer Prozess 12
Instruktionsvideo 98
Interne Handlungen 22, 58, 63
Kaizen 32
Kaizen-Event 42
Kaizenteam 31, 32, 34, 39, 40, 41,
49, 81, 99
Kapazitätsverlust 14
Kommunikation 84
Kontrolle 11
Kosten-Nutzen-Analyse 62
Kundenwunsch 10, 25, 28
Kurzstillstände 27
Lagerbestand 11, 16, 17, 28
Lagerkosten 16
Layout 74
Lean 25, 28
Lieferzeit 16
Losgröße 15, 19
Maschinenertrag 13
Maßnahmenplan 40, 81, 83
Mehrwert 26
Multidisziplinär 32
Nacharbeit 10, 27
OEE 26
Operationssaal 14
Paretodiagramm 45, 54, 56

PDCA-Zyklus 14, 40
Plan-Phase 40
Produktionsertrag 15, 44
Produktwechsel 21
Prozessbegleiter 33, 34, 66, 85
Rahmenbedingungen 37
Reinigung 86
Rückhalt 31
Rumpelkammer 77
Rüsten / Einstellen 27
Säubern 79
Schattenbrett 70, 71, 95
Scheinlösung 51
Schrauben 64
Selbstdisziplin 79
Setup 21
Shingo 23
Single Minute Exchange of Die 13
SMART-Kriterien 46
SMED-Phasen 22, 56, 57, 62, 66, 89
Sortieren 79
Spaghetti-Diagramm 75, 105
Standardisierung 68, 79, 90
Stillstand 13, 15, 22, 28
Supermarkt 69, 77
Systematisieren 79
Technokraten 35
Total Productive Maintenance 25
Toyota-Produktionssystem 28
TPM 25
Transport 12, 13, 70
Überproduktion 12
U-Form 75
Umbau 21
Umbauteile 55
Umbauwagen 76
Umrüstungsteile 95
Umstellkosten 17
Umstellungsanweisung 52
Umstellzeit ...15, 18, 21, 25, 44, 80, 99
Verbesserungsteam 32, 84

Verbesserungsvorschlag 66, 73
Verfahren 97
Verluste 10, 12, 27
Verschwendung 9
Video 51, 53
Visueller Arbeitsplatz 69
Visuelle Steuerungsmittel 92, 94, 95, 96
Wartezeit 11, 13, 47, 74, 77
Werkzeugwechsel 27
Wertschöpfung 9
W-Fragen 34
Wirkungsgrad 26
Wirtschaftliche Seriengröße 17, 18
Zeitregistrierungsliste 52
Zirkusartist 14

Weitere Bücher aus der Reihe „Operational Excellence"

„5 S – Die Erfolgsmethode zur Arbeitsplatzorganisation" von Bert Teeuwen und Christoph Schaller

5S beinhaltet als Basiselemente Ordnung, Sauberkeit und Standardisierung. Die Methode schafft die Grundlage für Operational Excellence. Mit Transparenz und ohne Verschwendung lässt es sich in Fertigung, Service und Verwaltung besser arbeiten. Die 5S stehen für Sortieren, Systematisieren, Säubern, Standardisieren und Selbstdisziplin. Bert Teeuwen und Christoph Schaller beleuchten alle Aspekte dieser, für Operational Excellence-Programme wie z.B. Lean und TPM, essenziellen Methode. Nicht nur pragmatische sondern auch psychologische Aspekte wie Motivation der Beteiligten oder die Rolle der Führungskräfte im Verbesserungsprozess werden thematisiert.
Die Autoren geben praktische Tipps, wie Arbeitsplätze durch die 5S nachhaltig verschwendungsfrei und transparent werden. Zahlreiche Fotos untermalen die beschriebenen Best Practice Beispiele. Praktische Checklisten am Ende des Buches erleichtern die Umsetzung am eigenen Arbeitsplatz.

4., unveränderte Auflage, Herrieden 2018
ISBN: 9-783940-775-08-5, EUR 29,95

„Total Productive Management. Grundlagen und Einführung von TPM - oder wie Sie Operational Excellence erreichen" von Constantin May und Peter Schimek

Kann man die Produktivität eines Unternehmens um 30% oder gar 50% steigern? Kann es gelingen, die Gesamtanlagen-Effektivität bzw. OEE eines herstellenden Betriebes von 60% auf über 80% nachhaltig zu erhöhen? Ist es möglich Geschäftsprozesse im Sinne des Kunden zeitlich derart zu verkürzen, dass deutlich bessere und schnellere Kundenbetreuung möglich wird? Sind Wertschöpfungs-Steigerungen von 50% und mehr reine Utopie? Kann es gelingen, dass Mitarbeiter sich voll mit den Zielen des Unternehmens identifizieren und mit Stolz und Überzeugung ihr gesamtes Wissen und Können zum Wohle des Unternehmens einsetzen?

Das sind einige der Fragen, auf die dieses praxisorientierte Buch versucht, Antworten zu geben. Ziel ist es, Fach- und Führungskräften sowie Studierenden die Grundlagen des Total Productive Management zu vermitteln und den interessierten Leser mit dem umfangreichen Gedankengut von TPM vertraut zu machen. Nach Abschluss der Lektüre kennt der Leser die grundlegenden und die weiterführenden Bausteine von TPM. Er hat eine Übersicht über die wichtigsten TPM-Werkzeuge und weiß, in welchen Schritten TPM in einem Unternehmen oder einer Organisation eingeführt werden sollte.

3., korrigierte Auflage, Herrieden 2015
ISBN: 9-783940-775-05-4, EUR 29,95
ISBN: 9-783940-775-15-3, engl. Ausgabe, EUR 29,95

„Effiziente Büros – Effiziente Produktion. In drei Schritten zu exzellenten Abläufen im gesamten Unternehmen. Antworten auf die wichtigsten Fragen zum nachhaltigen Erfolg" von Richard Glahn

Viele betriebliche Verbesserungsprozesse verebben oder werden bewusst wegen Misserfolgs abgebrochen. Was aber macht einen erfolgreichen Optimierungsprozess aus und wie wird er im Unternehmen nachhaltig verankert? Antworten darauf zu geben ist Aufgabe dieses Buches. Es wird dargestellt, wie man mit dem Einsatz von Kaizen-Methoden und ohne zusätzliches Personal in allen Büro- und Produktionsbereichen eines Unternehmens zu effizienten Abläufen gelangt. Angesprochen sind hierbei in erster Linie Führungs- und Fachkräfte, die ein betriebliches Verbesserungssystem wie Kaizen, TPM, Lean oder Six-Sigma verankern wollen.

Ausgehend von konzeptionellen Grundlagen wird ein dreigliedriges Verbesserungsprogramm dargestellt, durch dessen Einsatz schrittweise alle Handlungsebenen im Unternehmen für das Thema Verbesserung erschlossen werden: die Arbeitsplätze, die Arbeitsgruppen und die gesamten Geschäftsprozesse.

Im Hauptteil des Buches werden schließlich 55 Fragen rund um den Aufbau und die Einführung des dargestellten Verbesserungsprogramms besprochen. Mit der Beantwortung dieser Fragen wird auch deutlich, wie die Vorgehensweise in Industrie- und Dienstleistungsunternehmen unterschiedlicher Größe und Komplexität umsetzbar ist.

3., unveränderte Auflage, Herrieden 2018
ISBN: 9-783940-775-06-1, EUR 29,95

„Agile Prozesse mit Wertstrom-Management - Ein Handbuch für Praktiker. Bestände abbauen - Durchlaufzeiten senken - Flexibler reagieren" von Thomas Klevers

Ein zentrales Werkzeug von Lean ist Wertstrom-Management mit den Grundbausteinen Wertstrom-Mapping und Wertstrom-Design. Wertstrom-Management macht Verschwendung in Prozessen sichtbar.
Ein Effekt, der sich mit Wertstrom-Management erreichen lässt, ist die drastische Senkung von Beständen und die Reduzierung der Durchlaufzeiten. Die Liefertreue wird erhöht, und die Qualität verbessert sich durch schnelleres Fehlerfeedback. Unternehmen werden durch Wertstrom-Management agiler und können schneller auf Veränderungen am Markt reagieren.
In seinem neuen Handbuch für Praktiker erklärt der Wertstromexperte Dr. Thomas Klevers Schritt für Schritt die Vorgehensweise beim Wertstrom-Management und zeigt viele Möglichkeiten zum erfolgreichen Einsatz auf. Zahlreiche Praxisbeispiele geben tiefen Einblick in die erprobte Vorgehensweise. Sowohl erfahrene Praktiker als auch Beginner und Studierende finden wertvolle Hinweise, wie sie die Suche nach Verschwendung und deren Eliminierung angehen können.

2., überarbeitete Auflage, Herrieden 2018
ISBN: 9-783940-775-10-8, EUR 39,95

„Moderation und Begleitung kontinuierlicher Verbesserung. Ein Handbuch für KVP-Moderatoren" von Richard Glahn

Was muss ein KVP-Moderator eigentlich können? Er muss KVP-Methoden für das Lösen von Problemen beherrschen. Er muss Workshops vorbereiten, durchführen und nachbereiten können. Oft ist er auch politisch gefordert, sei es bei der Einführung von KVP in einem neuen Unternehmensbereich oder aber wenn es um die Nachweisbarkeit der mit KVP erzielten Erfolge geht. Ganz besonders steht und fällt sein Erfolg jedoch mit der Fähigkeit, sich auf alle Workshopteilnehmer individuell einstellen und so jeden Einzelnen passend in das Finden und Umsetzen von Verbesserungsmaßnahmen mit einbeziehen zu können. Für alle diese Anforderungen werden in diesem Buch Hilfestellungen geboten.

Mit den Ausführungen wird deutlich, dass Unternehmen nicht nur eine Ansammlung von Güter- und Informationsströmen sind, sondern ebenso soziale Systeme, in denen Änderungen unter professioneller Begleitung und mit Fingerspitzengefühl herbeigeführt werden wollen. Das Buch richtet sich an alle diejenigen, die KVP-Workshops in Büro- und Produktionsbereichen moderieren wollen, aber auch an diejenigen, die vor der Aufgabe stehen, KVP in ihrem Unternehmen oder in einer Tochtergesellschaft einzuführen.

3., unveränderte Auflage, Herrieden 2018
ISBN: 9-783940-775-07-8, EUR 29,95

„OEE für das Produktionsteam. Das vollständige OEE-Benutzerhandbuch" von Arno Koch

Ihr Maschinenpark ist möglicherweise doppelt so groß, als sie vermuten. Neben jeder Maschine steht nämlich oft noch eine ‚verborgene' Maschine. Die Kunst besteht darin, diese verborgenen Kapazitäten zu erkennen, sichtbar zu machen und zu nutzen. Dieses Buch liefert Ihnen den Schlüssel um die verborgene Maschine zu entdecken:
Overall Equipment Effectiveness (OEE) oder zu Deutsch Gesamtanlageneffektivität (GEFF). Das ursprünglich aus Japan kommende Instrument OEE macht Produktionsverluste sichtbar, sodass diese durch Optimierungsstrategien wie TPM (Total Productive Management), Lean Production oder Six Sigma beseitigt werden können.

3., korrigierte Auflage, Herrieden 2018
ISBN: 9-783940-775-04-7, EUR 39,95
ISBN: 9-789078-210-08-5, engl. Ausgabe, EUR 37,34

Notizen

Notizen

Notizen

Notizen